卡耐基全集

伟大的人物

[美] 戴尔·卡耐基 著

华 斌 编译

中国社会出版社

国家一级出版社★全国百佳图书出版单位

图书在版编目(CIP)数据

伟大的人物 /（美）戴尔·卡耐基著;华斌编译. — 北京：中国社会出版社，2017.5

（卡耐基全集）

ISBN 978-7-5087-5664-6

Ⅰ. ①伟… Ⅱ. ①华… Ⅲ. ①名人-生平事迹-世界 Ⅳ. ①K811

中国版本图书馆 CIP 数据核字(2017)第 097695 号

丛 书 名：卡耐基全集

书 名：伟大的人物

著 者：（美）戴尔·卡耐基

编 译 者：华 斌

出 版 人：浦善新

终 审 人：李 浩

责任编辑：陈 琛

总 策 划：马 强

策 划：王 宁 田 灿

责任校对：杜 淼

出版发行：中国社会出版社 **邮政编码**：100032

通联方式：北京市西城区二龙路甲 33 号

电 话：编辑部：(010)58124835

邮购部：(010)58124836

(010)58124838

网 址：www.shcbs.com.cn

shcbs.mca.gov.cn

经 销：各地新华书店

中国社会出版社天猫旗舰店

印刷装订：北京市艺辉印刷有限公司

开 本：155mm×210mm 1/16

印 张：12

字 数：186 千字

版 次：2017 年 7 月第 1 版

印 次：2017 年 7 月第 1 次印刷

定 价：25.00 元

中国社会出版社微信公众号

前　言

戴尔·卡耐基是美国现代成人教育之父，20世纪最伟大的人生导师、成功学大师和公共关系学家。1888年11月24日，卡耐基出生在美国密苏里州一个贫穷的农民家庭，1955年11月1日逝世，终年67岁。

卡耐基曾经是一名推销员，但他为了赚取生活费，又到夜校教公开演讲课。他的公开演说，不仅讲解演说术的历史和演说的原理，更主要的是采取启发式，由他和学员们共同参与实施，专门设计以实践的经验来训练人思考。

卡耐基在此教学期间，他对人性问题进行了深入研究，对人类共同的心理特点进行了探索和分析，在此基础上开创了全新的成人教育领域，主要包括为人处世、人际关系、智力开发、口才演讲、成功推销等问题，并创立了自己的成人教育机构传授这些全新的知识。

卡耐基的成人教育是一套系统而完善的实战教育，操作简单而易懂，能够迅速帮助人走向成功。他的成功主要体现在能够帮助人们在处世上获得自尊、自重、自信和勇气，在事业上能够克服人性的弱点，发挥人性的优点，开发自我的潜能，使人们不断自我激励并建功立业，实现人生的价值和快乐的人生。

成人教育这个职业使卡耐基蜚声世界，他独创的教学方法使他事业蒸蒸日上，他创立的成人教育机构遍布世界各地，多达2000余所。接受这种教育的，不仅有名星巨商，也有军政要人、内阁成员，甚至还有几位总统，人数多达几千万，影响了20世纪几代人的成长。

卡耐基根据自己的研究和教学，撰写了《人性的光辉》《人性的弱点》《美好的人生》《伟大的人物》《人性的优点》《语言的突破》《快乐的人生》《写给女人的忠告》等著作。

《人性的光辉》是卡耐基最感人的著作。他以其感人至深的笔触，描述了美国史上最伟大总统、影响美国的100位人物第一人林肯这位平民总统传奇色彩的一生，使一个神情忧郁、百折不挠、品德高尚、满怀仁慈之心的林肯形象在我们面前呼之欲出，栩栩如生。

《人性的弱点》汇集了卡耐基的思想精华和最激动人心的内容，是作者最成功的励志经典，出版后获得了广大读者欢迎，成为西方世界最持久的人文畅销书之一。无数读者通过阅读和实践书中介绍的各种方法，不仅走出了困境，有的还成为世人仰慕的杰出人士。只要不断研读本书，发掘自己无穷潜力，定会创造辉煌的人生。

《美好的人生》是卡耐基代表作之一，它教人们怎样用智慧经营人生。作品以简单明了的道理结合生动真实的具体事例，告诉我们怎样经营家庭生活，怎样减轻人生压力，如何增强交际能力，如何与人和睦相处等，从而获得美好生活。这是一本关于幸福的书！是通往美好人生路的导航灯！

《伟大的人物》是所有成功励志书籍中最有力量的读本之一。作品写到的爱因斯坦、甘地、丘吉尔、哥伦布、莎士比亚、迪士尼、海伦·凯勒等世界名人，永远塑造和影响着我们的生活，他们的奋斗精神经卡耐基的精彩描述，十分耐人寻味。

《人性的优点》是卡耐基一生中最重要、最生动的人生经验汇集，也是一本记录成千上万人如何摆脱心理问题并走向成功的实例汇集。本书被誉为“克服忧虑获得成功的必读书”和“世界励志圣经”。这本充满智慧和力量的作品能让你了解自己，相信自己，充分开发蕴藏在身心里尚未利用的能量，并发挥人性的优点，去开拓成功幸福的新生活之路。

《语言的突破》是卡耐基的成名作，长期以来作为“卡耐基公开演讲与人际关系课程”的主要教科书之一，被广泛应用，成为卡耐基最畅销的著作之一。作品所阐述的演讲模式，融合了公开演说术、推销术、心理学和商业谈判技巧等，指导人们如何克服畏惧，建立自信，顺乎自然地发挥潜在智能，在各种场合下发表恰当的谈话，从而获得人生和商业上的成功。

《快乐的人生》是卡耐基的代表作之一，它教给人们怎样利用智慧经营人生。作品以简单明了的道理并结合生动真实的具体事例，向读者介绍了如何培养平安快乐的心理、如何免受批评的忧虑、如何把握工作和金钱并快乐生活的真实故事。

《写给女人的忠告》讲述了许多鲜活生动的事例，并以独特的视角，分析了女性认识自我、完善人格、提升魅力需具备的诸多要素，并从魅力、能力、心态、交际、情感、财商六个角度总结出成就女人一生幸福的方法和原则。作品以睿智的笔触，为女性缔造成熟之美、塑造气质之美、点燃魅力之灯、撷取幸福之花，提供了切实可行的人生指导和精神启迪。

这些作品是卡耐基哲学思想的集中体现，自问世以来，强烈震撼着人们的灵魂，一直在全球畅销不衰，激励着千千万万的人们走向成功！

美国《纽约时报》报道说：“在世界出版史上，没有任何一本书能像卡耐基的著作那样持久深入人心，也唯有卡耐基的书，才能在他辞世半个世纪以后，还能占据我们的排行榜。”

美国总统肯尼迪曾经说过：“卡耐基留给我们的不仅仅是几本书和一所学校，其真正的价值是：他把个人的成功传授给了每一个想出人头地的年轻人。”

目录

第1章 成就卓越的科学泰斗

第2章 巨擘操觚的文学巨匠

第3章　传扬不朽的艺坛怪杰

第4章　堪称楷模的名人大师

第 5 章　举世闻名的实业大家

第 6 章　坚忍顽强的探险勇士

第1章　成就卓越的科学泰斗

爱因斯坦的快乐主张是一种很好的哲学，他的“快乐论”或许还胜过他那有名的“相对论”。

如果你自以为你的记忆力向来不是很好，那也不必泄气。事实上，记忆力差并不影响你走向成功，也并不因此而有损于你的伟大形象。

居里夫人：“不做百万富豪，而宁愿过朴素的生活；不愿无所事事地生活，而选择了奉献。”

任何一个新事物的出现，都有可能会招来反对的声音，发明无线电的马可尼在当时也受到了许多反对甚至攻击。

虽然他们兄弟二人没有受过什么高深教育，也没有进过高等学校，但他们凭借比“大学文凭”还要宝贵的东西获得了成功，那就是“毅力”和“热情”。

爱因斯坦确实享受着快乐的人生。他的快乐主张是一种很好的哲学，他的“快乐论”或许还胜过他那有名的“相对论”呢。因为他的快乐，不需要从任何人身上取得好处。

相对论鼻祖阿尔伯特·爱因斯坦

几年前，我和一位朋友结伴到德国南部的一座小城旅行。当我们路过一家杂货店时，我的朋友忽然停住脚步，指着楼上一间房子说：“大数学家爱因斯坦就诞生在这间简陋的小楼里。”

那天下午，我去拜访了爱因斯坦的伯父，但是他并没有告诉我爱因斯坦有任何不同于常人的才能，这让我感到很失望。相反，他却饶有兴致地对我讲述爱因斯坦小时候的愚蠢：举止迟钝又怕羞，连话都说不清楚。他的父母忧虑他的智能不及平常人，学校里的教师也对他摇头表示绝望，叫他是“笨蛋”，认为还是让他退学为好。可是无论如何他们也想不到，就是这么一个奇笨无比的孩子，竟被全世界公认为当代杰出的聪明伟人、古今最伟大的思想家之一。

我翻遍了人类史册，像爱因斯坦这样的“笨人”也能著称于世界的，确实为数不多。这也着实让人不可思议。最值得惊异的是，以一个“数学教授”的地位，竟能如此扬名中外，成为全球报刊的重要资料；以“科学家”身份，竟能像拳王乔·路易般闻名遐迩。说出来谁会相信？但这毕竟是谁也不可否认的事实啊！当时，爱因斯坦的名字虽早已“红得发紫”，可是他自己却心如止水，直到后来他才突然“发觉”了，在答复新闻记者的询问时还说“成名”得连他自己都“莫名其妙”！

对爱因斯坦来说，没有一件事物可使他过分“喜爱”，也没有哪一种事物使他过分“厌恶”。我们只能从他的“相对论”学说中领悟到这位大数学家“古怪”思想的一部分。大多数人所迫切追求的名声、富贵或奢华，他都看得非常淡。据说有一次，某艘轮船的船长为了优待爱因斯坦，特地让出全船最豪华的房间等候他，谁想到竟被他婉言拒绝了。他不愿意享受这种特别优待，而情愿在最下等的船舱里休息。

爱因斯坦的贡献有目共睹。德国政府为了表示对他的厚爱和钦敬，在他过 50 岁生日时，为他在普斯丹城精心建造了一座半身铜像，另外还赠送他一所精致的住宅和一艘小游艇。

然而，不幸得很，爱因斯坦被迫流亡国外。他有一段时间住在比利时，他的财产全被充公。他的家门被上了锁，而且还有一位警探每夜睡在他的床边，理由只有一个——他是犹太人！后来，美国纽约普林斯顿大学聘请他去讲学，为了避免新闻记者访问的麻烦，预先嘱咐他的朋友在船尚未到岸以前，先行半途，然后秘密地以驳船接去，再换汽车开到学校。虽然解释爱因斯坦“相对论”学说的书籍至少出版了 900 册以上，但能够真正了解他的“相对论”的人有多少呢？在爱因斯坦看来，也只有 12 人而已。

爱因斯坦为了解释“相对论”，曾举过这样一个例子：一个美丽的姑娘陪伴你对坐一个小时，可是你会觉得好像只有一分钟的短暂；要是你在火炉上坐上一分钟呢？你会觉得像有一小时那么久了。初听起来，好像是很对了。是的，是对了，这就是相对性。其实，让我们实验一次就明白了：有谁会愿意放弃与美人对坐而选择坐在火炉上呢？

爱因斯坦结过两次婚，他的第一任太太还为他生了两个很聪明的孩子。

其实，爱因斯坦夫人并不懂他的“相对论”，不过她懂得应该怎样做太太，应该怎样去侍奉自己的丈夫。比如，当她邀请朋友在家聚会时，她想要求丈夫也参加她们的盛会，但爱因斯坦往往会粗声厉言地回答：“不！不！我不能忍受这样的骚扰，这将使我不能安心工作。我必须马上离开这里！”这时，爱因斯坦太太不但不生气，反而等他发怒完毕后，再用几句好话使他服服帖帖地跟她下楼参与她们的聚会。他呢，也可以借机好好放松、休息一下。

据爱因斯坦太太说，她丈夫在思想上是非常愿意遵守秩序的，但在日常生活上，他不想受任何拘束，喜欢做什么做什么，喜欢哪时做就哪时做。他替自己立下了两条规则：第一，不制定任何规则；第二，不能让他人的意见支配自己。爱因斯坦平常总是穿着一套不整齐的旧衣服，还常常忘记了戴帽子，洗澡时总是吹着口哨或哼着歌。他虽然打算解决“宇宙之谜”，但他认为不能将人生的享用弄得过分复杂。所以，他在洗澡后刮胡子时，不用刮面香皂而是用洗澡肥皂，因为他认为用两种肥皂真的是很浪费。

爱因斯坦确实享受着快乐的人生。他的快乐主张是一种很好的哲学，他的“快乐论”或许还胜过他那有名的“相对论”呢。因为他的快乐，不需要从任何人身上取得好处。他视名利如粪土，但他知道在工作中就可以得到快乐，在小提琴上或划船上也可以寻求到快乐。爱因斯坦的小提琴，确实占据了他生命史上重要的位置。在他看来，没有什么事情能比小提琴更使他感兴趣了。

爱因斯坦的趣闻逸事数不胜数。例如，有一天他在柏林市公共汽车上和售票员发生了争执，因为他以为零钱找错了。后来售票员不得不把钱又重新数了一遍，知道错的是爱因斯坦，于是又把零钱交还他，并说了一句嘲讽的幽默话："先生，您这次犯的错误是因为您不会算钱。"

记忆力差并不影响你走向成功，也并不因此而有损于你的伟大形象。

从汤玛斯·爱迪生想到记忆力名人

有一次，我在纽约温德比尔特饭店进餐时，发现了一位记忆力很强的女子，她负责掌理这家店的衣帽。令我感到奇怪的是，当我把衣帽交给她之后，她并没有给我对号牌。她看着我迷惑不解的样子，然后笑着说："不必多此一举了，因为我能记得的。"接着，她兴奋地告诉我，在这大饭店里，常有一二百位陌生顾客的衣帽挂在一起，但当他们吃完饭陆续来这里取衣服时，她从未把衣帽递错过。尽管如此，我还是有些怀疑。等到我和这家饭店经理谈及这件事情时，经理得意地说："她吗？啊哟！15年来还不曾有一次递错过呢！"

由此，使我想起了记忆力极差的伟大的发明家爱迪生。

这位伟人在幼年时期，就是以健忘闻名的。在学校里，他会把老师所教的知识和布置的作业完全忘掉。在全年级中他的成绩是最差的，连教师们也对他失去了信心，没有一个人不抱怨他又蠢又笨。有的医生在检查他的脑子时，发现有特殊的怪症状，但从未经过认真研究就断言：他必定死于脑病。

据熟悉爱迪生的人说，他只在学校里待过三个月，然后老师就劝其退学了。再后来，就完全是在家中接受母亲的教育。他的母亲真的是非常聪明的，谁会想到她竟能把人们认为是“低能儿”的儿子培养成科学史上的发明之王呢？

不错，我们承认爱迪生幼年时的记忆力极坏，但我们却无法否认他对于科学界有着划时代的重大贡献。

爱迪生究竟健忘到何种程度呢？下面的这件小事足以证明这个问题。有一次，爱迪生到纳税机关去纳税，当时他正集中精力思索科学上的某个重大问题。纳税的人极多，排列的队伍像一条长蛇一样，依次到柜前付款。等轮到他的时候，他竟然说不出自己的名字！他左思右想了半天，可还是想不起自己叫什么。最后是他的邻居告诉他，他才知道自己的名字是汤玛斯·爱迪生。这个笑话不胫而走，直到今天还有好多人记得呢。

爱迪生虽然健忘，但对工作的投入却是一般人所不能企及的。他常常整天整夜埋头在实验室搞研究。有一天早晨，仆人来送早点时，他正睡着，仆人不敢去惊动他。这时，他的助手已吃完了早点，趁着片刻的休闲，存心要愚弄他一下。他们把空碟子放在爱迪生面前。等到他醒来，看见这些空碟子——喝干了的咖啡杯子和满桌的面包屑，便擦了擦眼睛，想了一下，以为自己确已用过了早点，于是，照例在吸完一支香烟后开始工作。这时他的助手们哈哈大笑起来，他这才感觉到肚子里面原来还是空的。

如此健忘的爱迪生，不禁使我联想起许多有关伟人“记忆力”的传说。

先来看“历史学界的奇才——铁路贾克”。

当“铁路贾克”的死讯传出后，全世界的报刊都刊载了这个消息，并且表示哀悼和惋惜。因为他是一个极聪明又极有趣的人物，人们都称他是“美国罕有的奇才”。他的记忆力更值得我们夸赞，在将近 20 年的时间里，他经常到设有大学的各乡村去旅行。他往往十分得意地跑进学生们的餐厅喊道：“我就是铁路贾克，你们认得吗？请你们随便问我一些历史上的琐碎事项吧，我都会很乐意答复你们。”毫无疑问，好胜的学生们是不肯放过他的，更有想乘机表示自己“见多识广”的。于是，学生们个个争先恐后地向他发问。而他们所提出的问题，免不了有许多是荒谬可笑的。比如，有人问：“苏格拉底的太太是在几岁结婚的？”他毫不迟疑地立刻回答：“40 岁以前的苏格拉底还没结婚，40 岁后，他才娶了一个 19 岁的黄花闺女。”还有人问他：“枪刺是什么时候在什么地方发明的？”他马上回答说：“1689 年 7 月 27 日苏格兰发生战争时，第一次利用枪刺作为杀人的工具。”不过，铁路贾克的脾气还真怪，他并不希望开华贵的新车出外旅行。也有人猜想，或许他认为不该平白无故地受人赏赐，所以，还是坐他那辆旧式的两轮车，车子旁边还写着显著的字：“历史学界的奇才——铁路贾克。”铁路贾克 79 岁时在一所破旧的老房子里去世了。他的遗嘱上写着，愿意把遗体捐赠给密歇根大学检验，以便明白他的脑部构造，以便揭开自己为什么能够拥有那么强的记忆力的秘密。后来，我写信问该大学心理系主任比尔斯教授，请教他有关铁路贾克记忆力强的原因。然而，比氏却说：“我相信现代人类大都有这种惊异的脑力，虽然有少数人的记忆力十分差。铁路贾克的成就，也无非是把所有精力都消磨在记忆一切史实上而已，他的秘诀就是把知识一部分一部分逐渐累积起来。由此看来，还有什么惊异和神秘的呢?!”

拜伦是英国著名的诗人，他曾自夸能背诵自己所写的全部诗句。但华尔特斯考特的记忆力怎样呢？他不但会忘记自己所写的诗篇，有时还把自己的作品错认为拜伦写的，并热烈地赞美呢。英国的散文家、哲学家培根的记忆力也很好，他可以默写自己一部最著名的作品，而且一字不错。但美国的舞台明星约瑟夫·贾弗森的记忆力也很差，他虽然连续演了 13 年的《怕婆传》，可是还是时常忘记台词。就拜伦和华氏比较，培根和约氏相比，记忆力的差别真是一个天上，一个地下。

英国历史学权威麦考雷更有着惊人的记忆力，用“一目十行，过目不忘”这条中国谚语来形容最恰当不过了。不管哪一本书，只要他读一遍就能背诵下来，他写过许多历史巨著，但从来没有用过什么书来做参考。

美国老罗斯福总统的记忆力也是相当好。他在接见宾客时，往往注意他们的小节、面貌或举止，他只要见过你一次就永远地刻在了他的脑海里。当他第二次再见到你时，他会马上叫出你的名字，往往使你激动得说不出一句话来。无疑的，这对于他的政治活动有极大的帮助，常会收到“意想不到的效果”。有一次，他和一位阔别 15 年的日本银行家见面，他们一见面，他便大谈 15 年前初次会见时所曾谈过的一件事情，这令这位日本银行家大为惊讶。

多年以前，英国有位富翁乔治·彼得，有人请他计算这么一个难题：“现在有 4440 英镑的存款，依年息四分五，问 4440 年后，应得多少利息?”他不慌不忙地只用了两分零一秒的时间，便把答案算出来了。

美国最著名的植物学家亚沙葛雷，能够记住两万多种植物的名字。

恺撒的记忆力更是惊人，他竟能记住他那数万名心腹士兵的姓名。

棒球明星贝比鲁斯却记不住人的面貌，更不用说姓名了。

查理·卓别林有一位 7 年不离其左右的私人书记，据他说，卓别林根本不晓得他姓什么！

…………

林肯曾说过一个“记忆秘诀”：当你要牢记什么的时候，先大声朗读几遍，以求使视觉和听觉同时发生效力。

最后，我有必要再说一点，如果你自以为你的记忆力向来不是很好，那也不必泄气。像许多世界著名人物一样，要不是把重要事物都写在便条上的话，也常是转眼工夫就忘得一干二净；有时候虽然记在便条上了，又会把这便条遗失，并且再也记不起来放在什么地方了。所以我认为，记忆力差并不影响你走向成功，也并不因此而有损于你的伟大形象。在上面这些例子当中，爱迪生、铁路贾克、美国老罗斯福总统、恺撒……他们的成功便是极好的例证。

“不做百万富豪，而宁愿过朴素的生活；不愿无所事事地生活，而选择了奉献。”这就是居里夫人一生奉行不渝的原则。

科学女杰居里夫人

在人类历史上，能留下不朽声名的女性人物屈指可数，居里夫人（原名：玛丽亚·斯可罗多夫斯卡）就是其中最杰出的人物之一。出生于动荡不安的波兰、从小羞怯腼腆的她，由于发现了新元素“镭”，而一举成为闻名世界的科学女杰。直到今天，人类仍与癌症进行着搏斗，而镭的发现，为人类征服这一难缠的病症做出了非常大的贡献——镭可以治疗无法医治的癌症、可以破坏病变的细胞、可以治疗多种毒瘤和癌肿！

居里夫人在巴黎大学学习物理和数学时已是孑然一身，一贫如洗。她不会照顾自己，常常会因为饥饿过度而晕倒。当 52 年后，一家电影公司投巨资将她的生平搬上银幕时，曾经有千千万万的人为她的经历而感动。直至今日，每当人们提起居里夫人的名字，仍然使人发出由衷的感叹和钦佩。就是这位羞怯却又坚忍不拔的姑娘在自然科学的王国里过关斩将，以两个诺贝尔奖的巨大成就，为自己的人生戴上了耀眼的花环。

居里夫人 19 岁时，由于世俗的偏见，无情地把他们的爱情之花给摧残了。这对未来的居里夫人来说无异于当头一击。于是，居里夫人决定离开这个使她伤心的地方去巴黎求学，并下定决心：把自己的一生都奉献给科学事业。

1981年，居里夫人进入了巴黎大学。由于她的性格非常羞怯，再加上她把自己全身心地投入学习当中，不愿将时间浪费在社交活动上，因此她几乎没有任何朋友。她的四年大学生活费用，只有自己当年做家教时存下的一点积蓄和她父亲偶尔寄来的一点钱。她一天的生活费只有六角钱。

可又有谁能想到，10年后，这位住在阁楼、一心钻研学问的穷学生，竟成了全世界最著名的科学家！居里夫人整天埋头于科研，追求知识的热情丝毫没有被寒冷和饥饿打倒。如果把大学期间的求学经历比作一场战斗的话，那绝对是艰苦卓绝的。

到巴黎的第3年，居里夫人结婚了。她的丈夫与她志趣相同，情投意合，两人一样致力于科学研究，他就是比埃尔·居里。当时，虽然比埃尔·居里才35岁，但他已经是法国一流的科学家了。他们结婚时的财产只有两辆自行车，“度蜜月”也只是骑着自行车到法国乡下去浏览风光；午餐仅以面包、乳酪和水果充饥，晚上就在简陋的旅社过夜。

3年以后，居里夫人准备把自己的新发现——《铀，为何能放出辐射线?》来做她博士论文的题目，这也是她进军化学王国的开始。为此，她测试了几乎所有的化学物质和上百种金属，研究是否有某种金属能够放射出不可思议的放射线。最后，她终于发现一种未知的新元素能够发出强而有力的射线来。

她的丈夫为了帮助她研究这种新元素而停止了自己的实验。

他们反复试验了数月之后，发现了一种放射性能比铀强200万倍的金属，这种金属所发出的射线能穿透木材、石头甚至钢铁，只有厚铅板才能挡住它。他们知道，如果这个发现被彻底证实，那么将会推翻几个世纪以来一直指导科学界的基础理论，其革命性意义是难以估量的。居里夫人将这个放射性金属命名为“镭”。

然而镭的本质完全不同于其他金属。照常理推断，镭金属是不可能存在的，因此学术界对他们的研究成果提出质疑，并且要求他们出示确凿的证据来证明这一金属的存在，即提炼出纯粹的镭并将其原子量测定出来。

居里夫妇为了证明镭的存在，在经历了从 1898 年到 1902 年这 4 年艰苦的实验后，他们终于得到了 1/10 克的镭，它的体积只有半颗糖那么大。

就是这“半颗糖”的提炼却是从重达 8 吨的矿石中提炼而来的。他们的实验室就是那破旧不堪、早就废弃了的旧仓库。那里连块床板都没有，一到下雨天屋顶还会漏水，屋里虽有一个破旧的火炉，却不能用，因此屋内和屋外几乎是一样寒冷。他们就在这样的仓库里煮矿石，眼睛和喉咙因为化学品冒出的浓烟和挥发出的气味而受到损伤。那长达四年之久的实验就是在这个阴暗的仓库里面进行的。最后，她的丈夫曾经一度失望地说：“等到时机成熟时再做吧！”但坚定的居里夫人不肯停止实验。

在她的一再坚持、不懈努力之下，终于成功地提炼出了 1/10 克的镭。她也因此成为全世界最杰出、最有名的女性。但是，得到荣誉的时刻，是她一生中最幸福的时刻吗？

“不，错了。”她说，“在家徒四壁，连块床板也没有，一面为贫穷所逼迫、一面潜心研究时，那才是最幸福的时刻！”

镭是治疗癌症必不可缺少的物质，镭的需要量肯定会逐渐增加，而只有居里夫妇才知道它的制造法。当时，如果居里夫人获得镭的生产专利，无论在哪里生产她都可以获得报偿。而这样一来，就可以改善全家的经济状况，自己也不必再像以前那样辛苦工作了，借此还可以为自己建一个设备良好的实验室，以便从事更进一步的研究。然而，居里夫人的决定却刚好相反。1902 年，她做出了一个令所有人都想不到的伟大选择：她没有因为发现镭而接受过哪怕是一便士。“可以这么做吗？”她说，“如果那样做的话，就违背了科学精神。镭是用来治疗疾病的。”

“不做百万富豪，而宁愿过朴素的生活；不愿无所事事地生活，而选择了奉献。”这就是居里夫人一生奉行不渝的原则。

任何一个新事物的出现，都有可能会招来反对的声音。

无线电发明者伽利尔摩·马可尼

他使我们只用 1/7 秒的时间，就可以联络世界各地，也可以使我们坐在家里，从收音机中收听总统在白宫的演说或著名乐队演奏的动人乐曲。这位伟人就是无线电的发明者——马可尼。

马可尼是意大利人，却有一头浅色的头发和一双淡蓝色的眼睛，并且能说一口很流利的英语，虽然稍带一点伦敦土音，但他看起来更像一个英国人。他的父亲是意大利人，母亲是爱尔兰人，所以他也带有爱尔兰人的血统。他的右眼不幸在 20 年前的一次车祸中失明了，但他却在左眼戴了一副英国式的单片眼镜。我一见这位伟人，就感觉他和蔼可亲，诚恳谦虚，让我忘了自己对面坐着的是一位世界发明巨匠。记得我还是个孩子的时候，就曾读过一则消息，说意大利发明了无线电报，后来我在一家饭店看见这种新奇的东西，谁知创造这一奇迹的伟人，此刻就坐在我的面前。我简直不敢相信自己的眼睛，就像在梦里一样。

我们的谈话开始的形式非常奇特。我先问他怎么会对无线电研究感兴趣，而他绕了一个大圈子回答我。他起初说自己年轻时，愿意找一种可以使自己有机会环游世界的工作。他说，他经常陪他母亲一起去伦敦探亲访友。每一次途经法国，看到冰雪覆盖的高山、波涛汹涌的大河，或者是富有诗意的田园时，就更增加了他对于旅行的兴趣。他不愿意被关在屋子里工作。在谈话的最后，马可尼说："只有努力研究无线电，我才有机会到更远的地方去旅行。因此我的工作几乎全都是在旅途中完成的。我已经横渡大西洋 87 次了。"

马可尼年轻在家时，就已经成功地完成了无线电的传递实验，并渐渐将无线传递距离扩大到更远的地方，这使他兴奋不已。虽然他的父亲曾为此而批评过他，认为这种没有意义的实验只是浪费时间，但他仍坚持努力了好几年，终于研制成功了，并且以 25 万美元的价格将专利品卖给了英国政府。这当然令他的父亲感到特别惊异，就连他自己也觉得这是一笔意想不到的收入。我非常好奇那笔款项是怎么花的，于是我就问他。马可尼回答说，他先是买了一辆自行车，立即匆匆忙忙地骑着它回家继续做研究工作。对他而言，对实验的热情远比金钱所能购买到的任何东西更富于诱惑力。

1901 年，马克尼认为实现自己宏伟计划的时机已经成熟了，便十分自信而又迫不及待地渡过大西洋——他希望能在大西洋彼岸的美国接收到从英国拍发的电报。他在纽芬兰登陆并放飞了一只用丝竹做成的飞机形状风筝，但却被大风给吹裂了。接着，他又放起了一个气球，但同样也被大风吹到海里去了。最后他放起一只做工很结实的风筝，终于飘上了天空。他耐心地等了好几个小时，希望能得到从英国拍来的讯号。但他渐渐地失望了，因为他连一点声息也没有收到。他有点灰心丧气，以为计划彻底失败了。

就在他极度失望的时候，最激动人心的时刻来临了：他突然间听到了一些极其微弱的"嘀嗒"声。"嘀嗒，嘀嗒……"他自言自语地说，“对了，就是它！这不就是电报拍发员所用的 3 个 S 信号吗？”他觉得自己的努力没有白费，而且他也相信，他的实验会永载史册、名垂千古的。

马可尼虽然满心欢喜和兴奋，却不敢立即跑出来跳上屋顶向众人大声宣布这一奇迹，因为他担心人们不信他的话。他把这个秘密严守了 48 小时。后来，他终于鼓起勇气将事情经过拍了 10 封电报传回伦敦。这一消息立即震惊了全世界，各地报纸争相报道了这一伟大新闻，科学界更是欢欣鼓舞。马可尼由此开创了一个新时代，他为我们发明了无线电，让我们的消息可以在即刻之间传遍全世界。此时的马可尼只有 27 岁！

任何一个新事物的出现，都有可能会招来反对的声音，发明无线电的马可尼在当时也受到了许多反对甚至攻击。许多幻想家给马可尼写信责备他，甚至警告他不应该发明无线电，因为他们认为电波会经过他们的身体，这样将会毁坏他们的神经，使他们不能够安睡。更离谱的是，有一个法国人声称，为了保护人类的安全，他决定要刺杀马可尼，并且说他已经开始出发了。马可尼连忙将这封恐吓信交给苏格兰警察局。英国政府及时采取了措施，严禁那个来法国的怪人上岸，马克尼才总算幸免于难。

虽然他们兄弟二人没有受过什么高深教育，也没有进过高等学校，但他们凭借比“大学文凭”还要宝贵的东西获得了成功，那就是“毅力”和“热情”。

飞机发明者莱特兄弟

美国的莱特兄弟是人类历史上第一架动力飞机的设计师，他们为开创现代航空事业做出了不巧的贡献。他们的故事在全世界广为传颂。

哥哥威尔伯·莱特出生于1867年4月，4年后，弟弟奥维尔·莱特出世。年幼时，这对兄弟俩就已经显出对机械设计、维修的特殊能力。他们善于思考，富于幻想。每当他们闲暇时，兄弟俩要么讨论某一个机械的结构，要么就去看工匠们修理机器。他们手艺精巧，还经常做出好些有创新意义的小玩具，比如会自由转弯的雪橇等。

一天，在美国俄亥俄州发生了一件在当时看起来微不足道的事情。现在我们知道这件事对我们的生活影响很大，而且对于我们的孩子和孩子的后代都会产生极大影响。就在那永远值得纪念的一天，奥维尔·莱特去了俄亥俄州代顿的一家图书馆找到了一本书。这本书讲述的是一位名叫鄂图·李连塔尔的德国航空工程师坐在一架滑翔机（一种特制的大风筝）里飞上天的故事。虽然李连塔尔并没有利用发动机之类的机器，但是他确实飞起来了。

那天晚上，奥维尔·莱特久久无法入睡，独自思考这个有趣而惊奇的故事。第二天，他把这件事告诉了他的哥哥威尔伯，没想到立即就得到了哥哥的支持和热忱赞助。

于是，从那个时候起，他们就开始秘密地研究起飞机来，并且终于完成了这个最大胆的设想，从而使他们兄弟俩的名字永载史册。虽然他们兄弟二人没有受过什么高深教育，也没有进过高等学校，但他们凭借比“大学文凭”还要宝贵的东西获得了成功，那就是“毅力”和“热情”。

他们很小的时候就跑去乡下捡死马死牛的骨头，然后把这些东西卖给肥料加工厂。他们也曾捡过破铜烂铁，卖给收购旧金属的人。再后来，他们办过印刷厂，发行过周报，也开过一家修理自行车的小店。总之，无论是做什么，他们都在梦想着制造飞机，他们一到星期天休息时就仰卧在山脚下，观看在天空飞翔的各种鸟儿的姿势。

在自行车店里，他们安装了一架风车，开始试验两翼上所承受的空气重量。他们还时常玩风筝，他们制造了一只大风筝（或者说滑翔机），并将它拿到北卡罗来纳州的猫头鹰村的歼魔山上放飞。他们之所以选猫头鹰村是因为这里常有强劲的海风刮过，而且地面上铺满了很多柔软的细沙。这种滑翔机他们一直试验了好几年。后来，他们在一只滑翔机上安装了一个自制的引擎，将它改造成一架飞机。

1903 年 12 月 17 日这一天，他们完成了人类历史上的第一次飞行，这个日子将永远地被人们记住。他们将一枚圆圆的银币抛到空中，根据银币落下的正反面来决定谁先试飞。结果，这个机会落在了奥维尔的身上。这一天，天气寒冷，天色阴沉，温度几乎降到了零摄氏度以下。在一旁观看他们飞行的 5 个人，都在不住地跳动来取暖，可是他俩却连外衣也没有穿就上了“飞机”，以免给“飞机”增加重量。在10：35的时候，奥维尔·莱特启动了发动机。这个神奇的东西竟然真的飞起来了，排气管里还冒着白烟，在空中摇摇晃晃地停留了12秒钟，然后降落在离起飞地点100英尺远的地方。这真是一件伟大的事！人类的梦想已经实现了，这是人类第一次飞上天，这也预示着世界文明又向前迈进了一大步。

事后，奥维尔·莱特说他那个时候并没有觉得有什么特别的激动。他说他只不过盼望那个修好的机器能够转动起来，而结果它真的转动了，仅此而已。他还说飞行之所以让他激动，是因为小时候就梦想着，自己要是能飞上天，那该多好啊。这个第一个驾驶飞机上天的奥维尔·莱特直到现在也没有飞行执照。自1914年以来，他再也没有上过飞机，再也没有驾驶过飞机。

奥维尔性格内向，他不喜欢夸大其词，所以他既不写自传，也不愿意接见新闻记者，更不喜欢照相。他的哥哥威尔伯最了解他，曾说过这样的话：“鹦鹉虽然是鸟类中最善于说话的，但却不能飞得很高很远！”1912年威尔伯的去世，对奥维尔来说，无疑缺少了一个最得力的助手。这是多么可惜啊！威尔伯也是一个不贪慕虚荣的人。有一次，他从口袋里掏手帕时，却掏出了一条红丝带，直到他姐姐一再问他，他才毫不在意地说：“哦！我忘了告诉你了，这是今天下午法国政府颁发给我的荣誉奖章。”

他们兄弟俩还严格遵守宗教戒律，从不在一个星期的安息日飞行。有一次，西班牙皇帝让他们在星期日带他去飞行，他们毫不犹豫地拒绝了皇帝的这一命令。莱特兄弟俩都没有成家。对此他们的父亲这样说道：“这两个孩子不能同时供养妻子和飞机，于是，他们都选择了飞机而放弃了娶妻生子。”他们兄弟俩真是把所有的精力都用在研究飞机上了！

他已经获得了世界上最宝贵的东西——“快乐”和“知足”！

名医格林菲尔

格林菲尔是拉伯利多地区非常有名的医生。他整天都往返于寒风之中，在冰雪中行进，使他的双手变得非常粗糙。冰山撞船的危险他遇到过 4 次，他在浮冰上睡过觉，还有一次他差点冻死在拉伯利多的荒野。又有一次，他饿到极点，就割开了由海豹皮做的皮靴来吃。他终生没有一点积蓄，可世界上的人又有谁比他更快乐呢？你为格林菲尔医生担心吗？那你可就错了，你大可不必为他担心，相反你应该嫉妒他，因为他比你和我更幸福。他已经获得了世界上最宝贵的东西——“快乐”和“知足”！

格林菲尔从牛津大学毕业后在伦敦的一个贵族居住区开了一家诊所，渐渐有了名声，成为伦敦的名医，但他却不骄傲自满。他觉得自己需要休息与休养，于是决定到拉伯利多去度假。拉伯利多位于加拿大东岸，南起纽芬兰，北至哈得孙湾，长 1500 英里，是一个严寒荒凉的地区，每年有 9 个月以上被冰雪覆盖。因为这里长时间被冰雪覆盖，所以这里的居民只能用鱼儿喂牲畜。这儿有的是咸鳖鱼和鲸鱼尾。更让他们惊讶和不安的是，这里的居民要是不幸患病，他们就只好“听天由命”了，因为这里没有一个医生。

在一个夏季里，格林菲尔竭尽所能地为渔民们服务。然后，他按照原订的计划在秋天返回伦敦。但他已厌恶替有钱人开药看病的生活，不愿像以前那样混日子，他甚至看不起所谓“名医”的称呼。他非常清楚北方的渔民更需要他。于是，他终于又返回拉伯利多。他在那里不畏劳苦地服务了45年，全世界都知道他是一位仁慈的名医。英王乔治也钦慕他，封他为爵士，以褒奖他那忘我的精神与壮烈的事迹。

我曾拜访过格林菲尔医生，他告诉了我许多不平凡的事。有一次，他为一位不幸被冰块砸断腿的老妇看病，因为病菌已经侵入骨头，所以必须割去她的大腿。这位老妇是一位非常虔诚的基督教徒，她认为这是上帝要她遭受一点痛苦，所以应该忍受。她的意志是如此坚定，她让格林菲尔医生在动手术时不可使用麻醉剂。她的坚定让这个仁慈的医生为难了，于是他把她那5个儿子叫来，让他们在他做手术的时候紧紧地抱住她。等到手术做完之后，格林菲尔医生的心都快要碎了，但这位勇敢的老妇却连一点呻吟也没有。

那里的人都非常喜欢慈爱的格林菲尔医生。常常会有人送给他礼物，如书或衣服。他还收到了一双渔人捕鳖鱼时穿的大短脚绊，也有人送过他一件红色的猎衣和一顶丝质的帽子。他还收到过一件极珍贵的礼物，那是一本在100多年前出版的有关礼仪的书。但他却把这本书拆开了，像贴墙报似的贴在墙上，让渔民们可以自由阅读。

这里的渔民非常勤劳，但也非常迷信。有一次，某个村子里的居民接连几个星期只吃面和糖水混合的稀糊充饥，快要饿死了，尽管这村子有的是肥猪，但他们却不敢宰来吃。因为他们听说那群猪曾经吞吃了一本《圣经》，所以他们认为这群猪变得非常神圣而充满圣灵，无论如何都是不能宰来吃的。

在格林菲尔的一生中，有一幕最为悲壮伟大。

那是 1908 年的复活节，为了尽快拯救在一个 60 英里外即将死亡的病人，他急急忙忙地备好雪橇，用 4 条狗来拖车。为了尽快赶到，他抄近路想越浮冰而过，但没想到风势突变，浮冰随着海浪流去，尽管 4 条狗努力向前冲，还是无济于事，最终全都掉进了冰冷的海水中。然而，就在这危急的时刻，他却镇定自若。他取出随身携带的利刃，先剪断了勒狗的绳子，让狗脱离雪橇，游到了一块浮冰上。可是雪橇在沉向海里的时候，把他的毛衣也带了下去，他身上的衣服浸了水，再也不能御寒了。黑夜已经来临，寒风刺骨，他几乎冻得失去了知觉。他清楚，照这样下去，自己将必死无疑。终于，他想出了一个最后挣扎求生的方法。他抽出利刃，忍痛把 4 条忠诚的狗宰了 3 条，把它们的尸体堆放在周围御寒，然后再剥下它们的毛皮披在身上。他整夜卧在浮冰上，一直到天明。第二天，他用死狗的骨骼当作船桨，努力划向海岸，虽然希望渺茫，但他仍坚持最后的奋斗。

突然，他看到海面上有船。起初他以为是自己眼花了，但立刻就证实那的确是一条船在海面上驶过。他激动地向对方狂喊求救。于是，他获救了。

第2章　巨擘操觚的文学巨匠

莎士比亚的命运之歌："朋友，请不要挖掘埋葬在这里的遗骸，没有触碰这石头的人有福。动我遗骸的人，灾难必会降临于其身。"

托尔斯泰当时的愿望是："这个女人，从我眼前永远消失吧！"最严重的是在他临终时，他都不允许他的太太来看他。

大仲马作品里的人物都非常形象，栩栩如生，不管什么时候读，我们总能深深感受到一种亲切。

韦尔斯对书产生了极大的兴趣，对文学有了一种巨大的嗜爱。

虽然命运注定让埃德加·爱伦·坡"忧郁"一生，但是在美国文史上，却留下了这位巨人的辉煌篇章。

他活着的时候并没有得到人们太多的关注，死后的一百年里，仍然是这样。然而，从那以后，谈到他的文字的人不下数千万；他所引起的评论要多于任何古代用鹅毛笔写作的文人；而且每年都有成千上万的人不远万里来到他的故乡来瞻仰保留下来的关于他的遗迹。

戏剧大师威廉·莎士比亚

他活着的时候并没有得到人们太多的关注，死后的一百年里，仍然是这样。然而，从那以后，谈到他的文字的人不下数千万；他所引起的评论要多于任何古代用鹅毛笔写作的文人；而且每年都有成千上万的人不远万里来到他的故乡来瞻仰保留下来的关于他的遗迹。

我也是这成千上万个人中间的一个。1921 年，我曾到过他的故乡。我喜欢在斯特拉特福到斯莱特里镇之间闲散地漫步，踏寻当莎士比亚还是一个小伙子时急匆匆地跑着去和他的情人安妮·惠特利约会时往返经过的路途。当时的莎士比亚绝对不会想到他的名字竟如此被后人讴歌和赞扬。而且，他也没有料到他的田园之爱注定是一幕悲剧，并令他悔恨多年。

莎士比亚一生中最大的悲剧是他的婚姻。很显然，他爱的是安妮·惠特利小姐。但是，在一个月黑风高之夜，他竟又鬼使神差地遇到了另一位名叫安妮·哈撒韦的姑娘。当哈撒韦小姐得知他要与别人结婚时几乎就要精神失常了。她在绝望之时跑进了她邻居的家里，向人们哭诉莎士比亚应当娶她而不是别人。她的邻居是一位心地善良但头脑简单的小姐，在听完了这位可怜的姑娘的哭诉之后大为震怒，第二天她们就在镇上的教堂宣布了莎士比亚与哈撒韦的婚约。她比莎士比亚大 8 岁，而且他们的结合从开始就是一幕可怜的滑稽剧。在莎士比亚写的剧本里，他一再警告男子不可娶年长的女子为妻。其实他很少和哈撒韦住一起，虽然婚后的大部分时间他都是在伦敦度过的，可他每年回家的次数最多只有一次。

如今，斯特拉特福是英国最美丽的城镇之一，有小巧的铺满稻草的茅屋、长满蜀葵的花园、古雅的街道。而莎士比亚在世时这里的景象却是污秽、贫瘠和荒凉。那时这里还没有下水道，成群的猪横卧在街心吞食着腐烂的菜叶。他的父亲是一位工匠，还曾因在外面堆放马粪而受到过惩罚。我们都无法想象当时斯特拉特福的居民是何等的贫穷，大多数人都是靠政府救济金维持生活，更不用说上学念书了。莎士比亚的父亲、母亲、姊妹、女儿、孙女没有一个会念书或写字的。

在英国文学史乃至世界文学史上享有无上权威和光荣的莎士比亚，在他 13 岁时也不得不辍学到外面去打工了。他的父亲是一个做手套的工匠兼农夫。莎士比亚也曾挤过牛奶、剪过羊毛、搅拌过牛油，并做过染牛皮等工作。而当他离开这个世界时，按照当时的标准算来，他已经步入富翁的行列了。在到伦敦的 5 年之内，他靠做演员赚了不少钱。他买股票，投资房产，还放高利贷。当时，他每年的收入已经达到了 300 英镑。当年的货币购买力比今天高出 12 倍，所以他 45 岁时的年收入相当于现在的 20000 美元。但是，你肯定想不到他在遗嘱上留给他太太多少钱。一分钱也没有，除了一个床架之外别无他物！甚至那个床架还是过后才想起来的，因为那是在他写好之后另加的。

莎士比亚去世 7 年后，他的剧本才出版。如今，假如你想在美国买一部第一版莎翁全集的精美复制品，就要花上几十万美元。然而当时他的几部名剧，如《哈姆雷特》《麦克白》《仲夏夜之梦》的稿费加起来还不到 600 美元。

有一次，我向研究莎翁的坦南鲍姆博士请教，说这个写出这么多杰出剧本的莎翁到底是不是出生在斯特拉特福的莎士比亚。他回答说，这一点毫无疑问，就像林肯在葛底斯堡发表过演说一样。当然，也有很多人认为根本就没有莎士比亚这个人，他们认为那些剧本都是弗朗西斯·培根或者是牛津伯爵所作。

站在威廉·莎士比亚的墓前，每次我都会低头凝视这命运之歌：

> 朋友，请不要挖掘埋葬在这里的遗骸，
> 没有触碰这石头的人有福。
> 动我遗骸的人，
> 灾难必会降临于其身。

莎士比亚的坟墓位于小村里教堂的讲坛前面。当时人们为什么会给他以这种光荣呢？是因为他那 300 年后还被人们深深挚爱着的文学天才？其实并非如此。他生前借给他家乡的人们好多钱，所以才被葬在了教堂边。假如当初这个创造了著名的吝啬鬼——夏洛克——这一形象的他不这样做的话，这位大文豪还不知道被葬在哪里呢。

“去寻找，永远去寻找”，是托尔斯泰留给世人的最后一句话。

伟大作家列夫·尼古拉耶维奇·托尔斯泰

这是一篇令人难以置信、不逊色于《天方夜谭》的人生故事，这是关于一位预言家的故事。他逝世于1910年，他的音容与我们相去不远，他深为人们所敬重。在他逝世前的20年里，有很多人从世界各地赶到他的故乡，为的是能亲眼看到他本人，能亲耳听到他的声音，或是亲手触摸一下他的衣摆。

曾有过那么一段时间，托尔斯泰的好多朋友住在他家，他们把托尔斯泰说的每一句话都记录了下来，这当然也包括那些极为平常的谈话。这样，他们记述下了他每天生活中那些很细微的举动，这些记录后来还印成书籍并大量发行。据粗略统计，记载他的事迹和思想的书籍有近23000册，我要提醒你的是，不是2300册，而是23000册；报纸、杂志上谈到他的人和思想的文章有近56000篇；而且，他自己的著作共计有100部——能达到这一数目的作家可真是屈指可数啊。

托尔斯泰的人生经历和他所写的小说中的情节一样，曲折生动而丰富。他生长在一个拥有42间雕梁画栋厅堂的豪门，围绕着他的是数不清的财富。他是在俄国贵族的骄奢豪华中长大的。但是，他年老的时候把这些全都给抛弃了。最后，他一个人身无分文，在一个荒凉的俄国乡间火车站里与世长辞，当时他的身边只围着一些农夫。

托尔斯泰年轻的时候是一个花花公子，穿衣服非常讲究。莫斯科的裁缝们都特别喜欢他，因为可以从他身上大发一笔财。然而，他后来却经常穿着粗糙的布衣，自己亲手做鞋、打扫屋子，收拾自己的床榻，而且吃着和穷人一样的粗茶淡饭。

他说他年轻时的生活很污秽、很罪恶，简直是在浪费生命：酗酒、决斗，甚至凶杀等各种想象得到的罪恶几乎他都犯过。但是，到了后来他竟然成了一位虔诚的基督教徒，而且在他的影响下，基督教成了俄国宗教上最神圣、最有影响的组织之一。在他结婚的初期，他和他的太太过着幸福美满的生活，他们还一同跪在地上祈求万能的上帝能保佑永远延续他们的这种快乐。可是后来，悲惨和苦恼几乎是他们婚姻的代名词，他甚至不愿意看她一眼。他当时的愿望是："这个女人，从我眼前永远消失吧！"最严重的是在他临终时，他都不允许他的太太来看他。

他上学的时候功课很差，大学他没有考上。他的私人家庭教师希望在他那蠢笨的头脑里塞进某些道理，结果全都以失败告终。但是，30 年后他竟然写出了全世界最伟大且永世流传的两部不朽巨著——《战争与和平》《安娜·卡列尼娜》。现在，托尔斯泰的名声比统治过那个辽阔而黑暗的大帝国的沙皇还要大。然而，他所写的那些名著，能使他得到快乐吗？能！是的，也许能——但也不过是短暂的快乐。后来，他竟然对那些著作很不满，甚至厌恶。在他的晚年，他把大部分精力花在写一些短小的文章上，他把这些小文章装订成册，宣传和平、博爱与消除贫穷。这种价格低廉的小册子在短短的 4 年时间里，用货车和单轮小车散卖就售出了 1200 多万册。

几年前，我在巴黎结识了托尔斯泰最小的女儿。她曾经在她父亲的晚年做过他的秘书，并且直到托尔斯泰去世还和他在一起。现在，她住在美国宾夕法尼亚州牛顿广场附近的一个小村子里，我从她那里了解了很多关于托尔斯泰的事迹。而她那个时候就开始写关于她父亲的书，书名叫作《托尔斯泰的悲剧》。

托尔斯泰这一生的悲剧来源于他的婚姻。

他的夫人极好奢侈，而他对此却十分鄙夷；她爱慕虚荣，对社会地位怀有热切的渴望，然而，托尔斯泰却对这些嗤之以鼻；他的夫人信仰武力统治并疯狂地渴求金钱与财富，而且他夫人的嫉妒心很强。她憎恨接近她丈夫的所有朋友。她甚至连自己的女儿也不能容忍，把她也赶出了家门，她还用气枪射击托尔斯泰房间里他女儿的照片。而托尔斯泰却主张以仁爱服人，在他看来，财富和私有制是一切罪恶的根源。他主张俄国人可以随便翻印他的著作并且不需要支付版税，为此，他的夫人一直追着他哭闹咒骂了好几年，把一个美满的家庭变成了可怕的地狱。当他反对她时，她就会歇斯底里地躺在地板上像泼妇一样打滚咒骂，还说要去自杀。他们结婚差不多有50年了。有时，她会跪在托尔斯泰的脚下，请求他读当年为她所做的美丽而充满热情的诗句，那是48年前他们疯狂热恋着时他所写下的日记。每当这时，他们都会被那些早已远逝的美丽记忆而感动得放声痛哭。

在他82岁的时候，托尔斯泰再也无法忍受这个破碎的家带给他的痛苦，于是，他在1910年10月21日深夜离家而去——逃进了寒冷与黑暗里，他也不知道哪里才是他的灵魂之所。就在11天后，他因为肺炎在一个孤寂的火车站去世了。在他去世的前几天，他说："上帝会安排好一切的。"

"去寻找，永远去寻找"，是托尔斯泰留给世人的最后一句话。

他作品里的人物都非常形象，栩栩如生，不管什么时候读，我们总能深深感受到一种亲切。

法国文豪大仲马

你觉得最通俗、最受人欢迎的历险小说是哪一部？是《鲁滨孙漂流记》，还是《金银岛》呢？自然，对此，每个人都会因自己的喜好而有所选择，但我最喜欢的是《三剑客》。这是一本十分畅销的书，它已经风行一个多世纪了。也许你祖母还是个小姑娘的时候，就已经在戏院看过该剧而深受感动。说不好现在有成千上万的人在世界各地正在阅读它呢。《三剑客》的销路很广，几乎世界各地都有它的译本。

《三剑客》的作者是法国人大仲马（亚历山大·仲马，称大仲马）。他曾经不无炫耀地说，他有 500 多个孩子。这话并非完全不可信，因为虽然他长得像肥猪一样，但是他和女人之间的风流韵事却不少。但是，他曾多次公开宣称他一辈子都不结婚，这使他的一位家境富有的恋人十分恼火，她最后出高价收买了他欠别人的债券，威吓他必须和她结婚。根据那个时代的法律，欠债的人会被关入监狱。这使富有浪漫精神的大仲马不得不做出选择：要么锒铛入狱，要么和这个女人结婚。结果，他选择了后者。

大仲马的身世也很不平常，因为在他身上流动的血液，有 3/4是白色的，还有 1/4 是棕色的。他的祖母叫玛丽·大仲马，是印度人，曾在西印度农场当过奴隶。她不但贫穷，而且也没有接受过什么教育。她出生在贫贱之家，又嫁给一个贫贱者，到死还是地位卑贱。可是，她的孙子却成为了那些太子、伟大诗人、财阀所赞颂拥戴的人。大仲马的外表有点像他的祖母。他的皮肤白如雪花，眼睛像西印度的天空一样蓝；他的嘴唇很厚，鼻孔扁而宽；他的头发虽然像毛草一样黄，却卷曲着纠缠在一起，和黑人祖母的头发完全一样。

你们肯定不会相信，如果说如此丑陋的大仲马是一位超级“美食家”的话，那你肯定不会相信。但他亲手烹调的酱油烤鸭，和他的小说一样有名。他的胃口很好。他从来不喝酒和咖啡，也不抽烟。在他写作的时候，对饮食并不十分注意，甚至常常会忘了这方面的需求。当有朋友在他工作的时候来拜访他，他也只是用左手打一下招呼，而右手还在不停地写作。

大仲马不愧为文坛怪杰，就连写作时所用的纸和笔也有些特异之处：他不用蓝纸就写不出小说，不用黄纸就写不出诗；假如他要为一家杂志写一篇短文，那就非得用玫瑰色的稿纸不可；而且所用的笔也各不相同。他写剧本也从来不会规规矩矩地写，而且他从来都不用蓝色墨水。他每次都必须躺在沙发椅上，在肘下放一个柔软的枕头，他的文思这才会浪潮般涌来，一部部伟大的剧本就是这样写成的。

这一切都令人惊奇可笑，但是更惊奇的还在后面呢。你猜，他一共写过多少部著作？你可能猜不到吧？我告诉你，他一共写过 100 部剧本。近年来经过许多作家和历史学家的考证和搜集，他的作品总共有 1200 部之多！也就是说，把知名作家如约翰 · 高尔沃斯、萧伯纳、史蒂文森、玛丽罗伯兹 · 蕾妮哈特、珍尼 · 格兰等这些人的作品加起来才只有大仲马所写作品的 1/3。

那么，他的稿酬应该很多了。事实上，他所得到的稿费总共有 500 万美元之多，比他同时代的任何一位著名作家的收入都要高，即使有史以来也只有少数几个作家能和他相比。但是，他的第一个剧本在舞台上表演时，他穷得连一条白色领带都买不起。

这位体形肥胖的文坛巨子，在家还是一位大孝子，非常敬重他的母亲。就在他的处女作剧本初次上演的前三天，他的母亲患了严重的中风，这使他着急万分。当大仲马在巴黎初露锋芒的那天晚上，他还没忘了在每一幕戏闭幕的中场休息时间，拼命跑回家赶到母亲的病床边探望老人，问她要什么东西。他的名字就是在那天晚上震惊了全巴黎，而他却在母亲的床前一直坐到天亮。

他作品里的人物都非常形象，栩栩如生，不管什么时候读，我们总能深深感受到一种亲切。有时他在写作时也会禁不住哈哈大笑，好像他笔下的人物正出现在他面前似的。许多小说家把写作当成一件可怕的事，但是他却妙笔生花，很自然地就写出一篇绵长而灿烂的故事。

大仲马不仅身体强壮，而且想象力也很丰富。他每天要为一些报纸杂志撰写 5 篇小说连载稿，以至于实在没有时间读他自己所写的书，但他却有时间用剑和手枪参加 20 次决斗。然而，晚年的大仲马却堕落在美酒、女人和歌唱的温柔之乡里。当时，巴黎原本就是一个淫荡场所，也难怪大仲马会丑态毕露。据说常常有淫荡妇女陪着他。这些女人是真的爱大仲马吗？绝对不是！说起来也够他伤心的，她们所爱的只不过是他的钱财而已。等他的钱财都被骗光之后，她们就再也不理睬他了。所以，大仲马的晚年非常窘迫，有时为了房租，甚至不得不将外衣拿去典当。幸亏他儿子帮他把债务都还清了，不然他会被饿死。

大仲马在临死的前几天还读着自己的《三剑客》。他的儿子见了之后问他："父亲，你满意这部书吗？"他毫不迟疑地说："不错，这书真好！"

真好吗？的确不错，我也这样认为。我希望你能再重读一遍。自《三剑客》出版以后，他还出版过多部小说，但很快就被人们给忘记了，唯独《三剑客》这部小说直到今天还常常被人提起。

他对书产生了极大的兴趣，对文学有了一种巨大的嗜爱。

大文学家赫伯托·乔治·韦尔斯

60 多年前，有一群顽童在伦敦郊外玩耍嬉戏，其中一个年龄较大的孩子举起了一个叫韦尔斯的小弟弟，将他抛向空中，但当韦尔斯落下来时，那个大孩子因为一时失手没有接住他，而导致韦尔斯小弟弟摔伤了一条腿。年幼的韦尔斯痛苦地在床上躺了好几个月，但是他受伤的腿始终没有完全复原，随时都有再度裂开的危险，这是一件多么可怕的事啊！韦尔斯一想到自己的前途就感到非常悲伤和恐惧。但是，小韦尔斯非常乐观，他后来竟成为世界上著名的作家——他就是赫伯托·乔治·韦尔斯！他一共写了 80 多部作品。

韦尔斯认为，幼年时摔伤腿并非坏事，这样反而成就了他的一生。因为他自从摔伤腿以后，有一年的时间不能出门，为了解除寂寞，他只有读书解忧。结果，他对书产生了极大的兴趣，对文学有了一种巨大的嗜爱。摔伤腿就成了他生命的第一个转折点。

韦尔斯的稿酬收入每年都不低于 100 万英镑。而他原本出身贫穷，他的父亲曾是职业曲棍球员，曾开过一家小规模的瓦器店，可是生意并不太好。他就降生在这里。这间小房既是卧室，又兼作厨房，不但狭小，而且又脏又暗，只能从墙壁的破砖缝里射进一点点亮光。最令他不能忘记的是，他童年的时候从这些砖缝里看到了许多人来往的腿。许多年后，他以他所观察到的“腿”为题材，写了一篇有趣的文章——他认为从一个人穿什么鞋子，可以断定出这是怎样的一个人。

韦尔斯小时候家里十分穷困。他的母亲为了全家生活，不得不给一个富商家当看门女佣，和一般仆人住在一起。因为他经常去看望母亲，所以他有机会窥见英国上层社会的秘密，并对下层社会的生活情况有了更深刻的领悟。

我们对《未来世界》这部世界名著十分熟悉，但你也许并不知道，这部书的作者韦尔斯从 13 岁开始就踏入了社会。在别人的介绍下，他最初在一家杂货店里担任记账员，每天早上 5 点就要起床，把店铺打扫得干干净净，并生好火，一天的工作时间长达 14 小时，根本没有空闲时间。他认为这是一种低贱的工作，并看不起这种生活。一个月后，经理辞退了他，说他不太整洁，不修边幅，不会接待顾客，总是一副忧郁的表情。他对于老板的辞退很气愤，但是他也暗自庆幸不用主动辞职了。接着，他又进了一家药店，仍然做记账的工作，可是没过多久他又被老板辞退了，而且这次他连理由都没有听到就走人了。不久，他又找了一份在杂货店上班的工作。这一次，他体会到了生活问题的严重困难，不再随意耍性子，开始好好干了下去。但是他经常一个人偷偷地躲在地窖里阅读他心爱的赫伯托·斯宾塞的作品。这样的生活持续了两年，他实在熬不下去了。于是，在一个星期天的早晨，他连早饭都没有吃，空着肚子一口气跑了 15 英里，去见他的母亲。他跪在母亲跟前说他不想再这样下去了，并发誓说如果还要他去那个店里干活，他就自杀。后来，他偷偷地给他以前的老师写了一封长信，向老师倾吐了他的心声。想不到这封信打动了那位老师，他给韦尔斯回了一封信，请他去学校担任教员。可以说，这是韦尔斯人生的第二个转机点。

不过，他自己认为杂货店的工作也并非完全毫无意义。因为他一向十分懒惰，经过在杂货店的两年多锻炼，使他明白了一个道理：一个人要想成功，非得奋发图强才行。

韦尔斯在执教后数年，又有一场危难突然降临在他的身上。事情是这样的：他当时正担任一场足球比赛的裁判员，当比赛正激烈进行时，他突然被球员冲倒，随即又被后面冲上来的球员踩踏而过，他的肺部和肾部都严重受伤，生命危在旦夕。到了医院之后，许多名医都认为无法挽救，只好听凭病情自然发展，结果谁也没有想到他竟侥幸活了过来。但是，他已经变成了一个半残废的人，并且接下来过了 12 年的恐怖生活。而正是因为这 12 年的痛苦生活经历，才使他成为举世闻名的作家。他疯狂地写作了 5 年。可是，他写出来的东西实在太贫乏无味了，他自己也很清楚，所以他将它们全部给烧了。

他已经是个半残废的人了，这是谁都无法改变的，但是他又另外找到了一份教书工作。在生物班上有一个美貌的女学生，韦尔斯对她的兴趣竟超出了对生物学的研究。这个女孩子体弱多病，几乎和维尔斯一样。他们最后终于结婚了，开始很愉快地共同生活。

虽然韦尔斯那次被球员踩伤，并且侥幸捡回来一条命，但是他并没有因此而灰心，反而更加发奋努力了，每年都有长篇巨著问世。在他的努力之下，这些著作终于发射出了光芒，照遍了世界的每一个角落。

他写作的地点很不固定，有时在伦敦的办公处，有时在车上，有时在一望无际波浪滔滔的地中海畔。总之，他随时随地都可以进行创作。他在法国租了两幢别墅，一幢专用来写稿，另一幢则作为会客使用。他的习惯是晚上会客，而白天则要专心写作。韦尔斯随身装着一个小本子，一有灵感他就赶紧记在上面。这个当年曾被杂货店经理辞退的懒孩子，曾夸口说他那个本子所收集的材料，足够他写一个半世纪的作品。

虽然命运注定让他“忧郁”一生，但是在美国文史上却留下了这位巨人的辉煌篇章。

天才诗人埃德加·爱伦·坡

爱伦·坡是世界文坛上最著名而又最浪漫的天才文学家之一，以擅长写十四行诗和神秘小说而闻名。虽然命运注定让他“忧郁”一生，但是在美国文史上却留下了这位巨人的辉煌篇章。

爱伦·坡从小就是一个孤儿，被一个烟草商收为养子。可惜的是，他难以博得养父的欢心，终于被养父用棍棒逐出门，和他断绝了关系。然而，爱伦·坡的婚姻却是文学史上的佳话。他 26 岁时爱上了比他年轻许多的亲表妹维琴妮亚，并且不顾一切和她结婚。他们结婚的时候，他穷得分文没有。而事实上，他从来就没有钱，也永远不会有钱。当他和只有 13 岁的表妹恋爱时，有好多人劝他尽早结束这场悲剧，可事实已经证明他们的恋爱获得了成功，他们结婚了。于是，又有人斥责他肯定是疯了，因为他唯一的妹妹已有些疯癫，所以他们以为他也疯了。但是，爱伦·坡是非常喜欢他年幼的太太，而她也对爱伦·坡有一种难以动摇的爱。他们的婚姻是最幸福美满的，而且爱伦·坡好多优美的诗句都是在她的启发下写出来的。

爱伦·坡的作品都值得称为“文学的光荣”和“世界的珍品”，所以千万不能轻视他写的小说与诗句。

在他那篇不朽的名诗《乌鸦》中，爱伦·坡写道：

那只乌鸦总飞不去，
只是安静地卧着，卧着。
在我门上悬挂着一尊智神塑像，
它卧在他苍白的胸上。
如梦中所见，
它那眼睛像恶魔般
充满了凶险。
映照下来的灯光，
将它的阴影投射在地板上。

爱伦·坡写这首诗时写了又改，改了又写，足足用了10年的时间，可换来的稿酬只有10美元，难道爱伦·坡1年的工作代价只值1美元吗？据说好莱坞电影明星1分钟的收入，都比爱伦·坡10年的收入还要多。确实是这样的，难道影片比诗值钱得多吗？谁能想得到，爱伦·坡穷尽10年心血写成的《乌鸦》只值10美元？而且谁又会想到，这首诗的原稿后来的售价竟然高达数万美元？为什么要让我们的天才生前饿肚子，而死后他的原稿的拍卖价又高得惊人呢？

现在，在纽约“大汇流”区尽是华丽堂皇的楼房，但是当年都是郊区，正中间是一座即将坍塌的茅屋，四周都是苹果树。每到春天，花香扑鼻，鸟语欢歌，蜜蜂也鸣奏着乐谱，这实在是一个富有诗意的人间仙境啊！爱伦·坡和他年幼的太太一同在这里居住过，当时的租金是每月3美元。可是，他大部分时间穷得连饭钱都没有，更别提付房租了。他也没有钱给他生病的太太买食物。有时候，他俩一整天饿着肚子。当院里的车前草开花时，他们便把它煮了当饭吃。仁慈的邻居可怜他们，有时会送他们几筐食物。他的诗歌天才和伟大的爱心都被他们所怜爱。他们尽管穷，但精神上仍是快乐的。但是他那年幼的太太最终没有战胜饥寒而离开了她心爱的丈夫，在那个小破屋里去世了。这虽然是好多年以前的一幕悲剧了，但我还是想把它追记下来。

那是维琴妮亚临终前的寒冷的冬天，她躺在一条草褥上，她是多么想得到一点保暖的衣物啊！可这对她来说，简直就是一种奢望。她冷得实在不能支持下去了，她母亲给她摩擦双手，爱伦·坡替她摩擦着双脚，又找到一件当年曾在西点军校穿破了的军衣，勉强盖在她冻得发抖的娇躯上。晚上，他让一只猫睡在她的脚旁……在她死后爱伦·坡也没有钱来埋葬她。要不是邻居们慈悲，她肯定被葬身荒野了。后来，这座小茅屋被纽约州征用为公产，并把它改造为一座祠堂。后来，连这座祠堂也不见了，矗立着的全都是华丽的洋房。可是我一想起爱伦·坡，一想到维琴妮亚的死，就仿佛看见一座“梦中茅舍”。这个故事阴森而忧郁，在我的心里永远也无法抹去。

维琴妮亚是在 1 月份去世的，没过多久春天就来了，明月重又升上苹果树梢，星光依然闪烁，可惜已经“物是人非”，这如何不让爱伦·坡伤心呢？他天天呆坐在那里想念维琴妮亚，无时无刻不在想着她，晚上做梦也梦见她。在这种思念中，他终于写出了一首前所未有的丈夫对于太太的《爱的称颂》。

每次望见明月，
我会重温美丽的旧梦；
每夜看见星光，

像是我那美丽的新娘的眼睛。

我要整天整夜躺在

我的爱，我的爱，我的生命——

我新娘的身旁；

凭吊海边她的坟墓，

　　凭吊海浪拍响的海边的坟冢。

> 他从没有进过高等学校，甚至连大学是什么样子都不知道。但是许多有名的大学都把他写的故事奉为经典之作。

短篇小说家欧·亨利

1862 年 9 月 11 日，美国最著名的短篇小说家之一欧·亨利（真实姓名是威廉·西德尼·波特，欧·亨利是笔名）出生于美国北卡罗来纳州有个名叫格林斯波罗的小镇。曾被评论界誉为曼哈顿桂冠散文作家和美国现代短篇小说之父。也许你已经读过他的作品，他的书已经卖出了 600 多万册，他的著作几乎在每个国家都有译本，他是世界上最伟大的短篇小说家。替欧·亨利写传记很有趣，因为他的一生极其感人，他曾经与许多困难苦恼作斗争，结果都获得了胜利。

欧·亨利最大的遗憾是没有上过多少学。他从没有进过高等学校，甚至连大学是什么样子都不知道。但是许多有名的大学都把他写的故事奉为经典之作。

欧·亨利的身体很虚弱，他常常为此感到烦恼，很多医生都认为他会死于肺痨。因此，他离开家乡前往泰塞斯，在那儿放羊。后来，有许多远方游客要来拜访他的“牧羊场”。他们将汽车停在牧场边上，然后步行到欧·亨利当年放羊的地方！

欧·亨利最不幸的是曾经含冤坐过 5 年牢。事情经过是这样的：

他身体康复以后，在一家银行当会计。有一次监管人员查库的时候，发现钱币少了，于是担负保管之责的欧·亨利就无缘无故地被捕了。尽管他的的确确没偷 1 分钱，但还是被判了 5 年徒刑。

坐牢对一般人来说是最为羞耻的一件事，但是对于欧·亨利来说，却可以用“幸运”一词来形容。因为假如他不曾入狱当囚犯，他怎么会安心写作并使自己的名字永载史册呢？我曾经专门访问过监狱长罗伊斯，他说：“据我观察，监狱里的人活动受到限制，所以好多人都喜欢终生从事写作。虽然这些人里真正成功的很少，但是许多著名的作家都曾在狱中完成过杰作，这可是无法争辩的事实。”随便举如下一些例子。

在历史上是最有名的花花公子瓦尔特雷利，他在鞋上镶宝石，耳上饰珍珠，让伊丽莎白女王在他的新大衣上踏过，但是他也曾经在狱中从事写作。由于政治上的原因，他曾在铁窗中待了 14 年。监狱既简陋狭小又污秽不堪，而且墙上还有流淌不尽的泥水，他因为风湿太严重而手脚都变得僵硬。但他忍受住了一切痛苦，在监狱中完成了一部伟大的世界史，直到现在许多大学和专门学院都把它当作教材。

约翰·班扬也曾因为传教而坐了 12 年的牢。起初，他为了照顾外面的妻子和 4 个可怜的孩子的生活，不得不在狱中辛勤地编织花边，以换点钱贴补家用。但是后来他的伟大思想逐渐涌起，他再也按捺不住，于是就在又冷又湿的监狱中开始写作，《天路历程》这部惊人巨著由此完成。现在这本书世界各国都有译本，世界上销售最广的书除了《圣经》大概就是它了。

塞万提斯的不朽作品《堂吉诃德》，也是在狱中完成的。像伏尔泰、英国文人王尔德以及尤金尼·代博斯等人，都曾经在监狱中写过著名的作品。根据这些，我们也许可以得出一个结论：如果你想写一部杰作，最好请你到街上去随便打伤一个人，这样你也可以像他们一样在“狱中”写作了。

生活在 285 年前的理查·罗维雷斯，也曾在英国被捕，他的一首不朽的英文名诗就是在狱中完成的，并且他待过的监狱也因此而“成名”。以下是他从狱中写给爱人的情诗。

狱中寄给雅蒂碧

石墙怎么能算监狱？
铁栅未必是牢笼。
天真无邪的人，
应该来这里隐居片刻；
只要我还有爱的自由，
谁也别想拘束我的灵魂。
歌颂吧！
只有人一样的天使，
才能享受这样的自由。

如果要在这个世界上有所作为的话，就必须超越自己的懦弱。

大戏剧家萧伯纳

即便有些人的名字使用缩写字母，也能在世界上通行，因为他们是世人眼中的伟人。据我所知，有两位名人就是这样的：一位是 F. D. R——美国第三十二任总统富兰克林·罗斯福；另一位是 G. B. S——著名的爱尔兰戏剧家萧伯纳（本名乔治·伯纳·萧）。

一提到 G. B. S，大家都知道这是指大文豪萧伯纳。他那些流传于世的传奇故事用的都是缩写名字 G. B. S 而非以全名 George Benard Shaw 流传于世。虽然他一生声名显赫，但他接受的正规教育只有 5 年，而正是这短短的 5 年，造就了当代一流的，而且获得了文学领域的最高荣誉诺贝尔文学奖的大作家。当时诺贝尔奖的奖金是 3. 5 万美元，但萧伯纳并不看重金钱和荣誉，他当场就把奖金捐赠给了“瑞典文学联盟”。这一巨额奖金在他手里逗留的时间只有几秒钟。

他的父亲出身于并不富裕的破落贵族家庭。他深爱着的母亲又因为和他父亲的婚姻出现问题，引起了非常富有的伯母的不满，结果财产继承权被剥夺了。这使得本来就不富裕的家庭生活变得越来越困难，只有 15 岁的萧伯纳只好外出打工，从事一份月薪只有 40 美元的文秘工作。

萧伯纳在之后几年里做过出纳，兼职打杂工等工作，周薪在 80 美元左右。然而出身在美术、文学、音乐气氛非常浓厚的书香门第，在耳濡目染、潜移默化之下，他觉得自己不适合这些事务性的工作。他 7 岁就读过莎士比亚的《哈姆雷特》、约翰·班扬的《天路历程》以及《天方夜谭》等名作，12 岁时，他非常喜欢拜伦的诗还有狄更斯、大仲马、小仲马的小说，对雪莱的诗作他也十分感兴趣。此外，他对登山运动员乔恩·泰尔塔鲁的哲学、经济学家约翰·史蒂雅德·密尔以及以哲学、社会学与进化论闻名遐迩的赫伯特·斯宾塞等人的著作也十分着迷。这些名著不断地激发着他的思想——人是靠思想活动的动物。萧伯纳在受到这样的启发以后，当然不喜欢碌碌无为的生活，他所向往的都是文学、美术等远离世俗世界的艺术。

在 20 岁的时候，他暗自发誓说绝不能让自己的一生虚度在普通的事务上。于是 1876 年，他决定去伦敦（他母亲在那儿教音乐），开始他的写作历程。在去伦敦的前 9 年里，虽然他不停地写，但是连自己最基本的温饱问题都解决不了。他把全部身心都投入到写作上，每天不论心情如何，他都要求自己必须写上 5 页纸。后来他在自己的回忆录里这样写道：刚开始时，常常连写上 5 页纸都感到极其困难。

经过长时间的不懈努力，他终于完成了 5 部长篇小说，其中有一篇就是著名的《艺术家之间的恋情》。然而在当时，美英所有的出版社都拒绝采用，只有一家出版社告诉他，可以考虑他以后的作品。他送了好几次稿子，但每次得到的回答都是一样的。出版社之所以拒绝出版他的作品，不是因为他的小说文笔不好，或者没有可读性，而是小说的内容与当时的社会潮流严重脱节。

有时要去送稿，可他穷得连路费都没有。从下定决心以写作为业开始，一直到 9 年后，他所得的稿费加在一起总共只有 30 美元，平均起来每个月只有 1 便士。他穿的衣服破旧不堪，因为长时间地坐着，裤子的屁股部分都磨出了小洞，鞋底也磨有好多窟窿。因此，人们经常能看到衣衫褴褛、捉襟见肘的萧伯纳小心翼翼地遮掩着衣服上的破洞，非常狼狈地出入伦敦的大街小巷。

他的生活步履维艰，只有依靠他的母亲向面包店、杂货店赊账来维持生计。在此期间他所得的 30 美元，包括他担任选举时的计票员所得的 5 美元，以及一名律师以 25 美元要求他写一篇关于卖药文章的报酬。

这样下去还能活吗？当然不能！他惭愧地说："本来应该是我来养家的，没想到最终的结果反倒是这个家来养我，这个家已经够贫苦的了！"每当忆此，他总是说："我没有为这个家作过任何贡献，反倒是母亲常常帮助我。"

后来境况逐渐好了起来，他终于可以靠自己的写作赚钱生活了。替他带来第一笔稿费的是一个并不出色的剧本。实际上，20 多年来他一直梦想着自己能赚一笔钱，然后娶一个富家小姐。

他常常在众人面前批评没有人敢大胆评论传统婚姻制度、教会、民主主义等。这个表面上看起来大胆而激进的人物，实际上却是一个内向、懦弱的人。关于他，还有一个让人吃惊的发生在泰晤士河畔——他朋友住所附近——的故事。"我在朋友家门口足足徘徊了有 20 分钟，后来差点放弃而逃回家。然而我的本能告诉我——如果要在这个世界上有所作为的话，就必须超越自己的懦弱。后来我终于鼓起勇气敲响了朋友家的门。这就是年轻时候的我，既内向又懦弱。"萧伯纳回忆道。

然而，他却非常注重在公共场合行为举止方面的礼仪。在他的听众中，资本家多于无产者。他不愿成为金钱的奴隶，所以他演讲时从来不曾收过费。

1896 年，已经 40 岁的萧伯纳认识了一名 39 岁的老小姐——夏露德·蓓唐菲女士。她是个非常富有的资本家，此时的萧伯纳也因剧本在美国畅销而赚了不少钱，年收入在 10 万美元以上。她尽全力在社交界大力宣传萧伯纳所倡导的费边主义，这说明她对萧伯纳是完全支持的。然而，对于她的帮助，他毫不领情，反而还气愤地指责她："我从未见过像你这样无聊的女人!"他们交往的前两年里，萧伯纳一点儿也不想和她结婚。直到 1898 年，夏露德因公务动身前往罗马，当她抵达罗马时，萧伯纳病重的电报也同时到达，她立即丢下一切赶回伦敦。回来后发现萧伯纳因为过度疲劳而疾病缠身，独自躺在他那个又脏又臭又小的办公室里，这令夏露德大为吃惊。萧伯纳也自嘲地说："即使派七个佣人同时来打扫，恐怕也得花上半个世纪才会打扫干净。"这位女资本家夏露德并没有抱怨什么，而是赶紧把他带到她在乡下的别墅中，为他治病并且无微不至地照顾他。萧伯纳病愈后，立刻把一只结婚戒指和一份结婚证书送到了夏露德手中。萧伯纳说："我总是让别人操心，实在是没有资格结婚。"

到 1943 年萧伯纳的夫人去世，他们美满幸福的婚姻持续了 45 个年头。大家都认为萧伯纳将会先她而死，因为她看起来要比他年轻 20 岁。然而，事实上，他们的实际年龄只相差 4 个月。

如果一个人在怀才不遇的境地中挣扎了10年，那么，他将很可能在10分钟之内一举成名。

英国文豪威廉·萨默赛特·毛姆

在你看来，从古至今最伟大的剧本是哪一部？当纽约的权威剧评家在一次用不记名投票的形式选出人类历史上最伟大的10部剧本时，莎士比亚的《哈姆雷特》无可争议地位居第一，而位居第二的剧本，是哪一部？它不是《麦克白》，不是《李尔王》，也不是《威尼斯商人》，而是《雨》。是的，是《雨》这部以性为经、以宗教为纬，反映那些在南海地区挣扎的人的内心生活的剧本。这部剧本是根据威廉·萨默赛特·毛姆的一个短篇故事改编而成的。毛姆当初构思这个故事时用了还不到5分钟的时间，可是《雨》这部杰作却使他获得了20万英镑的收入。

怎么回事呢？原来，他写了一篇名叫《萨迪·汤普森》的短篇小说，这个故事他并没有费多少脑筋。碰巧有一天，剧作家约翰·科尔顿在他家里过夜，他说他睡觉前想看点什么东西，毛姆便随手把《萨迪·汤普森》给了他。没想到科尔顿一下子就被它吸引住了，并且使他激动不已。他兴奋地走下床，在地板上慢慢地踱来踱去，并计划把这篇小说改成一部剧本，一部不朽的剧本。

第二天一早他就迫不及待地向毛姆说："这篇故事完全可以成为一部美妙的剧本，因为它实在是太棒了。对此我考虑了一整晚，为了它我可是一整夜都没睡！”但是他的话并没有打动毛姆。他用他那清脆的英国声调说：“一部剧本？噢，是的，也许是。一种无聊的戏剧，也许可以在舞台上流行六个星期。可是它不值得特别注意，实在是不值得。”后来，这部他自认为不值得注意的剧本却让他大赚了一笔。

但是，当剧本完成后，几位戏剧制片人都拒绝接受，他们都认为肯定会失败。后来，萨姆·哈里斯接受了它。他指定一位年轻的女演员珍妮·伊格尔斯主演，但是负责推广的戏剧经纪人认为只有找一位比较有声望的演员来演主角才有成功的可能。

经过努力争取，珍妮·伊格尔斯终于得到了这个机会，她扮演的萨迪·汤普森非常富有热情和魔力，她因此而红透了百老汇。她在剧院中连续表演了 415 场，几乎每场都座无虚席，其声誉经久不衰。

毛姆的作品很多，如《人性的枷锁》《月亮和六便士》《小圈子》《苏伊士以东》等，都非常有名。他也写过 10 多部精彩的剧本，可是他那最著名的剧本《雨》却不是他亲手改编的。

现在，人们都说他是一位天才剧作家。但是自从他开始写作的 11 年里，他就从来没有摆脱过经济窘迫的境况。想一想吧，这位后来赚了 100 万英镑稿费的作家，在他写作前 11 年中，每年的收入只有 500 元。因此，他常常要忍饥挨饿。他非常渴望能得到一份有固定薪金的写作职业，却一直未能如愿。“我之所以不停地写作，是因为我真的找不到别的工作！”这是毛姆亲口告诉我的。

毛姆是医专毕业的，不停地从事写作。他的朋友说他这样很愚蠢，并极力主张让他放弃写作而去行医。但是他立志跻身于英国文学界的决心始终不曾动摇过。

有一次，以《信不信由你》闻名于世的漫画家里普利对我说：“如果一个人在怀才不遇的境地中挣扎了 10 年，那么，他将很可能在 10 分钟之内一举成名。”毛姆的经历与此是极其相似的。

成功的机会终于降临到了毛姆身上。有一次，有一位剧作家的剧本在伦敦上演遭到失败，剧院的经理一筹莫展，只想着尽快把这部剧本换下来。他并不奢望拿到什么好剧本，只要能代替那个失败的剧本就可以了。于是他就在书桌上寻找，他找出了一部毛姆写的作品《弗雷德里克夫人》。这本书在他的桌子上放了一年了，他曾经读过这本书，虽然算不上好的剧本，但总能应付一阵子，以渡过暂时的难关。但令他始料不及、更惊喜不已的是，《弗雷德里克夫人》获得了空前的成功，整个伦敦都在谈论它。它成为了以王尔德那著名的对话以后的唯一的名剧。

这时，前来求毛姆写剧本的剧院经理纷至沓来，他就把他以前放在书桌里的作品全都找了出来。在短短的几个星期内，他就有三部剧本占据了这个城市的舞台。贵族把大量金钱花在剧院里，出版商都竞相求购这位新天才的作品。拜访他的社会人士络绎不绝。在经过 11 年的不得志后，伦敦市长为他举行欢宴并举杯向他表示祝贺。

毛姆从来不在下午 1 点以后写作，他说在下午他的脑子就会有些麻木，不是很灵活。他通常在里维埃拉海岸附近的摩尔式的别墅里写作。每次写作之前他还要吸一斗烟，并阅读一些哲学方面的书籍。

他说他从不迷信，可是他把一只看起来有点邪恶的眼睛印在自己的每一本书上。他肯定把它作为自己的保护神，因为这一奇怪的标志也出现在他家中的餐具上。并且，在他使用的文具上、玩过的牌上都可以见到它。他还把这只眼睛刻在他家中的壁炉上，甚至还把它刻在了通往他家的别墅的入口处。当问起他是不是真的很相信它时，他只笑而不语。

1965 年 12 月 15 日，毛姆在法国里维埃拉去世，享年 91 岁。其骨灰安葬在坎特伯雷皇家公学内。死后，美国著名的耶鲁大学建立了档案馆以资纪念。

德莱塞是美国最令人惊奇的出类拔萃的小说家之一。有 30 多年，像一头短角野牛的他在文学界横冲直撞，咆哮怒吼。

文坛怪杰西奥多·德莱塞

德莱塞是美国最令人惊奇的出类拔萃的小说家之一。有 30 年，像一头短角野牛的他在文学界横冲直撞、咆哮怒吼。他对美国的文学有着相当大的影响。如果当时没有德莱塞的出现，那么现在美国人所读的书也许就另有一番模样了。

1900 年，他的小说《嘉莉妹妹》一面世便轰动了全国，也立刻激起了公愤。批评家痛斥其淫秽不堪，传教士对它进行怒斥，妇女协会也愤怒至极，群众一致要求取缔这本书。惊恐不安的出版商都拒绝代为销售。德莱塞不禁愕然，他不知道在自己的小说里有哪些不道德的东西。他在这本书里写的不过是他看到的真实的人生。但是，那是在 1900 年的事了，现在，却没有一个人会去斥责这本书了。而且，假如你想买一本那本小说的第一版，就需要你出 350 美元的高价了。有一次我对这位头发灰白、刻薄、忧郁而又粗暴的大汉进行了拜访。他的言谈举止确实让我大吃一惊，总使我笑得前仰后合。

他的个性十分直率，说话往往张口就来。所以每逢他去参加人多的宴会时，常常会成为一个主人不得不非常留心的“问题人物”。他曾经就在一次宴会上与一位有名的银行家因为讨论俄国的问题而大骂这位银行家是个傻瓜，还毫不可气地说人家是土匪。德莱塞说在这个问题上，就是他最爱的人他也绝不会退让的。

他写了许多人不曾写过的关于美国人生活的小说。他的那部最伟大的小说《美国悲剧》是在1925年出版的，那时他正穷得连房钱也付不起。这本书轰动全国后，他获得了40万美元的巨款。好莱坞为了买他这本小说的拍片权就给了他20万美元。我问他这么多钱他是怎么使用和分配的。他说，他把它们用来购买股票、债券和抵押款，结果赔了30万美元。

德莱塞从小就是在困苦中长大的，所以他写的故事总能赤裸裸地揭露人生的真实。他的母亲靠替别人洗衣来养活13个孩子。因此，他小时候没少挨饿受冻。他没有睡觉的床，只好像小狗一样躺在地板上的一个破草席子上。为了使屋子暖和一些，他常常去铁道边拾煤块。他还常常因为没有鞋穿而不能去学校上课。可是，当他真的去了学校他又不好好上课。他拒绝读那些为他指定的功课。他不喜欢算术和语法。他对我说，他从未学过什么文法，并且也从来不曾打算学。他发誓说："如果我有那个能力的话，一定把所有的语法课与英国文学、所有短篇小说创作课程和一切新闻学校全部取消。我从不认为作家是这样造就出来的。"

他突然有一天向《芝加哥环球报》写了一封信，请求能给他一个做记者的位置。报社答复说他们暂时还不缺少人手。结果，他就搬了一把椅子坐在那家报社门前，并且威胁说，他要一直坐在那里不走，直到用他为止。他真的每天坐在那里，足足有一个多月的时间。直到1891年6月，恰逢民主党全国大会在芝加哥召开，报社正好需要雇用几个临时记者，于是便给了他一个位置。然而，他没去多久就发生了一件令人难以置信的事。

这位新来的记者，脾气粗暴，到目前为止他还没有给任何一家报纸写过新闻。有一天，他和几位同事在芝加哥欧第特里姆大饭店的柜台前喝酒。其他几位记者都唉声叹气，说谁也不能预测民主党的候选人是谁。德莱塞当时喝了几杯鸡尾酒，已有几分醉意了，他为了在众人面前显示一下自己，便信口说道："我知道谁将被指定为民主党的候选人。他是一匹黑马，是来自南卡罗来纳州的上议员麦肯蒂。"

事情就是那么凑巧，正好这个时候上议员麦肯蒂走了进来，他问道："谁给了我这种荣幸，提到了我的名字？"德莱塞承认是自己谈的。麦议员说："很好。让我们一起去喝上几杯吧。"5 分钟后，他请德莱塞一同吃饭，并喝了几瓶好酒。麦议员在半醉中对他说："我要请你去华盛顿做我的私人秘书。"

饭后，麦肯蒂向德莱塞说道："听着，小伙子，我告诉你一件非常机密的事情。民主党的总统候选人是克利夫兰，而你是第一个知道这件事情的报社记者。"德莱塞听了很是吃惊。要知道他才做了两天的记者，就得到了本年度最为重大的一条新闻。

没过多久，圣路易城的《环球民主报》就请他去他们报社当编辑。在该报做了三个月后，该报的一名戏剧编辑因事辞职，德莱塞被委派填补这一空缺。他自己都不明白报社为什么选他，因为他对戏剧实在是一无所知。

星期一的一个晚上，圣路易城有四家剧院在上演不同的戏剧，而德莱塞因为分身无术，不能同时到这四处，因此，他只选择了其中的一家，而其他三家的评论是他凭自己的主观想象猜测出来的。这些评论写得惟妙惟肖，就好像他真的坐在前排看过了一样，他甚至对剧中人物的表情也给予了充分和详细的批评。到第二天他看了报纸以后才知道前天晚上因为铁路被洪水冲毁，那三家剧团根本就没来圣路易城演出。

他对自己很不满，于是就把工作给辞掉了。

我向他请教他成功的秘诀，他说道："其实也没什么特别之处，不过是上帝的传递罢了。"

经过5年的不懈奋斗，在遭受各种打击与失败的挫折后，南根里多年来的愿望终于实现了，步入了第一流作家的行列。

著名小说家南根里

南根里之所以值得我们学习，是因为他在失意潦倒中苦苦地挣扎奋斗了5年，并最终成为举世闻名的大作家。

他成名以后，杂志编辑为了请他写一篇连载小说，稿酬高达7.5万美元，而且这些钱是在他还没开始写之前就预付给他了。但是，你可能不会相信，他当初写的几部小说即使他想卖75美分也没有哪个人愿意替他出版。

我曾拜访过几位出版商，据说他们连续3年来，每年至少卖出100万册南根里的书。然而，我们也必须承认，他初期的作品确实不怎么优秀，所以他只好忍受饥饿和寒苦的煎熬。

他的父亲曾经希望他能学牙科，但是他却宁愿当一名煤矿工人。不过，他最终还是听从了父亲的命令，进了牙科医学院。毕业后，他在纽约开了一家牙科诊所。当然，谁都会对违反自己兴趣的职业感到枯燥无味，他也是。他每天早晨到诊所之后，给人看病总是心不在焉，好像他也生病了一样。

终于有一天，他决心改行，全然不顾父亲的反对，毅然放弃了原来的职业。不过，他并没有再去当什么煤矿工人。他有了一个新的愿望，打算开始学习写作，希望成为一名作家。他搬到了乡下，开始了他的写作计划，虽然生活水平很低，但他依然能乐在其中。写作累了，他就去打猎，或是到河塘边钓鱼，以放松心情。

他写作的态度非常严谨，一部小说要反复修改多次才最终定稿，为此他总要花上好几个月的时间。当写完一部小说之后，他便极其兴奋地重读一遍，自以为写得很动人。他相信自己将来一定会成为大作家的。这也只有他自己这么认为，整个纽约没有一家出版商愿意出版他的作品。

他这样坚持了 5 年，在这 5 年当中，他从来没有靠写作赚过一分钱。他有时候获得的微薄的收入都是他夏季当职业棒球队员获得的报酬，和写作一点关系也没有。

有一次，他在纽约推销小说时，遇到了马夫罗·琼斯上校。琼斯上校想找一位作家和他一同去西方旅行，以便记录沿途的见闻。南根里很爽快地就答应了，因为这是一次旅游与写作的好机会，他非常高兴，简直不敢相信这是真的。

在西方，他与一群牧者及野马共同生活了 6 年，回来后他很快写了一部叫《乱世英雄》的书。这一次，他怀着极大的希望，自以为一定会成功。他把原稿寄到了出版社，但是他等了两个星期后，还是没有音信。南根里再也忍耐不住了，于是他就跑到纽约去找那位出版商。

他虽然找到了那位出版商，但不幸的是，那位出版商把一卷原稿退还给南根里，并且对他说："非常抱歉，虽然我们极其认真地拜读了你的作品，但是没有哪一点能使我们感到你有任何写作方面的经验。"这无疑使南根里很难堪，就像是被泼了一盆冷水。他失望到了极点，变得非常颓丧。从出版商那里出来后，他越想越气愤，终于靠在路边的灯杆旁痛哭起来。不过，他不愿抛弃自己的手稿，他深信不是自己的作品不好，而是那位出版商太势利。

这对南根里的打击实在是太大了。回家以后，他再也无意从事写作。5年来，他什么也不干，就靠他妻子的一点积蓄生活，但是这点钱很快就花光了。而且他们又添了一个孩子，这更加重了家庭负担。他一心想在写作方面有所发展，然而，现在这个理想化作了泡影，他怎能不气恼呢？幸亏他有一位贤惠的妻子，总是鼓励他继续写作。

在一个寒冷的冬天，他又重拿起笔再度写作。屋子里只有一个小火炉取暖，他的手指被冻得发麻，因此，他必须努力写作几分钟后就把手伸过去暖和一下。

这部小说一直写到第二年夏天才完成。他再次拿到出版商那里，结果还是碰壁。接着他又跑了几家出版社，但结果还是失望。最后，他重新找到出版社，请求把原稿带回家中再读一遍。出版社终于被他的诚意所打动，于是应允了他。两天后，出版社的人对南根里说："我夫人昨天晚上花了一整夜的时间，阅读了你的小说。她认为你写的内容非常好，所以我们决定出版你的作品。"

从此，南根里告别了潦倒的生活，成为一名杰出的小说家。经过5年的不懈奋斗，在遭受各种打击与失败的挫折后，南根里多年来的愿望终于实现了，步入了第一流作家的行列。

他感到了孩子们的真诚，又心想写给儿童们看看也没什么不好的，于是在这天晚上，他花了整夜的工夫写完这个故事，爱丽丝是其中一个女孩的名字，这个故事就是以她的名字命名的，叫《爱丽丝漫游仙境记》。

《爱丽丝漫游仙境记》作者查理·都格森

在一个多世纪前的某一天，英国的泰晤士河上有只小船，船里有一个害羞而柔弱的年轻人和三个天真美丽的小女孩。他们在平静的河面自由漂荡。显然，船上那个年轻人只是一个普普通通的人。但是，当游船回来之后，他就已经不知不觉地成为 19 世纪名人中的一员了。他叫都格森。这个名字虽然让人觉得很陌生，但确实是他的真名。不过也有人叫他都格森牧师，还有人叫他都格森教授，这是因为他的工作是在牛津大学教数学，而星期天便去教堂讲道。

他是一个腼腆而胆小的人，和成年人交谈时总是很拘谨，以至于态度显得很狼狈，总是表达不清楚自己内心的真实想法。可是，谁又能想到，他在小女孩们面前，竟会讲一些美丽动人的故事呢？所以，那一天的下午是一个有意义的时刻：当他们泛舟于泰晤士河上时，他就给那三个小女孩编造了一个极其生动的故事。

这个故事讲的是一个小女孩梦游仙境的离奇经历，故事很动人也很新鲜，那三个小女孩把眼睛瞪得大大的，惊讶地望着他，听他讲有趣的故事。听完以后，她们又天真地要求他把这个故事写出来，而且不达“目的”绝不罢休。他感到了孩子们的真诚，又心想写给儿童们看看也没什么不好的。于是在这天晚上，他花了整夜的工夫写完这个故事，爱丽丝是其中一个女孩的名字，这个故事就是以她的名字命名的，叫《爱丽丝漫游仙境记》。

但他认为这仅仅是一个故事而已，不具有任何的价值，不会再有人喜欢阅读这个故事，它不再有任何价值，所以他随手把它扔在了一边。时间一长，连他自己也忘记了此事。

几年后，他的朋友在废纸堆中发现了早已落满灰尘的故事原稿。那位朋友好奇地翻开来阅读，不觉大为惊讶——他太喜欢这个故事了，所以他竭力建议都格森立即把它出版。

这使都格森非常生气：“什么？你要我去出版这种给小孩子读的荒谬故事？我可是大学的教授，我怎么能出这种东西呢？这不是太有损我的尊严了吗？我一定不会出版的!”都格森十分固执地拒绝了。

可是，《爱丽丝漫游仙境记》最终还是出版了。不过，都格森不愿意署上他的真名，因此他在“作者”的下面随便编了一个名字：鲁易斯·嘉路尔。令人惊讶的是，这本书出版后，受到了极大的欢迎！并且，它很快被译成好几十种语言文字，在世界各地发行。而且年复一年，该书越来越畅销，印刷厂都忙得昼夜不停地开工印刷了，但还是供不应求。

说来奇怪，这一巨大的成功连都格森自己都感到疑惑，这本书到底“成功”在哪里？他始终都没有弄明白过。

第3章　传扬不朽的艺坛怪杰

卡通大师华特·迪士尼曾经一贫如洗，可是后来却成了富翁。他把精力和金钱全部投资在事业上。

幽默影星罗伊·罗吉尔一辈子一件礼服也没有做过，连平时穿的衣服也很随便。只有在拍戏时，导演为了需要强迫他，他才勉强给自己打扮修饰一番。

音乐家莫扎特经过几度挣扎、饥寒困苦中，他创作出了许多伟大的歌曲。

权威作曲家乔治·杰斯文的成功非常简单，因为他知道自己的需要，然后按照这个“需要”坚持不懈地努力，直至目标实现。

歌唱家恩瑞科·卡鲁索有一种刻苦练习的毅力，在经过多年的苦练之后，才成为了世界著名歌唱家。

他曾经一贫如洗，可是后来却成了富翁；他把精力和金钱全部投资在事业上。

卡通大师华特·迪士尼

迪士尼是美国最负盛名的人物之一。《米老鼠》和《猪小弟》是他的代表作品。也许你不会相信，他20多岁时，还是个无名的穷小子，可是到了30多岁，已是家喻户晓的人物了。全世界的人们，都热爱《米老鼠》卡通片，在阿拉斯加的某个地方，影迷还自发组织了米老鼠会在雪屋中相聚。华特·迪士尼成为了当时最受关注的人物。是的，他曾经一贫如洗，可是后来却成了富翁。他把精力和金钱全部投资在事业上，在他看来储蓄的利润无论如何也是不能和摄制影片所得的利润相比的。

少年时代的迪士尼的志愿是要成为一个艺术家。那时他在美国的堪萨斯城生活。起初他到堪萨斯明星报社应征，想替他们工作。该报主编审查过他的作品以后，认为缺少新思想而不予录用，这令他感到万分失望和颓废。

但是，他没有因此而灰心。后来，他终于找到了一件替教堂作画的工作。可是，薪金很低，使他没有能力租用画室，他只好借用父亲的车库作临时办公处。他感受到了生活的艰难，他想到了放弃，可这种想法转瞬间就消失了。他认为这种艰苦环境对他的影响，绝不低于100万美元。

有一天，他和往常一样在车库工作，忽然看见一只老鼠在地板上跳跃。他连忙起身回家，带了一些面包屑给它吃。渐渐地，彼此混得很熟悉，有时候那只老鼠竟敢大胆地爬上他工作的画板，并跳起了欢快的舞蹈。没过不久，迪士尼就被介绍到好莱坞去摄制一部以动物为主角的卡通片。不幸得很，他失败了，他变成了一个身无分文的失业者。

正在他潦倒不堪的当儿，突然想起了他的好朋友——堪萨斯城车库里那只爬在画板上跳跃的老鼠。他立刻画出了一只老鼠的轮廓，米老鼠卡通片从此不平凡地诞生了。而堪萨斯城车库里那只死了很久的老鼠理所应当地成为世界上最负盛名影片的祖宗。影迷写给米老鼠的捧场信较任何演员要多，就是米老鼠足迹所至的国家，也的确是任何演员所向往而又不能到达的地方。

在米老鼠影片中，米老鼠的发音总是由迪士尼自己负责，就连其他许多动物的发音也多半由他担任，所以迪士尼需要花费不少时间到动物园去研究它们的发音。后来，迪士尼让100多位助手帮助他管理一切，像画稿、字幕、音乐等工作都不用他自己操心了。这样，迪士尼就多了一些时间去研究新的计划，每逢有了好的创意，便公开和助手们讨论。

有一次，他曾向他的助手们建议，把幼年时他母亲讲给他听的《三只小猪》和《大灰狼》的故事搬上银幕，但是他的助手们没有一个人赞同这个意见。迪士尼退却了，可是“三只小猪”的形象老是在他脑海里转，使他又忍不住提出了好几次，但结果依然让他失望。后来，他的助手们不忍拂逆迪士尼的诚意，于是说道：“让我们试试看吧。”其实，他们对这个计划根本没有信心。

过去，在拍摄米老鼠这部影片时用了大概三个月的时间，但他们不愿意耗费那么多时间去摄制《三只小猪》，他们只用了不到两个月的工夫就将这部影片草草完成了。助手们没有一个认为这部影片能赚钱。没想到《三只小猪》问世后，得到了全美国人的喜爱。接着，各地的人都在哼着“谁怕那只大灰狼，大灰狼，大灰狼……”《三只小猪》竟获得了无上的荣誉，同时也给迪士尼创造了巨大的经济效益。

“这部影片在某些戏院曾放映 8 次之多，真是自有动物卡通片以来所仅有的现象。”这是迪士尼亲口说的。

有人推测公司方面摄制该片获利应在 30 万美元以上，但迪士尼说根本就没有那么多，赚了还不到 13 万美元。

总之，迪士尼带领他的团队所创作的卡通片，在美国引起了罕见的轰动，确实都有不朽的价值。好几十年以前摄制的米老鼠，现在还有戏院在重映呢！我想，这应该是最具说服力的吧。最值得我们称颂的是，迪士尼终身都在为动物卡通片而努力，据他自己说，是由于“兴趣”，而不是为了“赚钱”。

迪士尼没有不良嗜好，喜欢打棒球或打马球，这是他每天下午必做的事。

“我努力苦干了 10 年，却不知道成名只需要 10 分钟！”

“说谎大王”罗伯·利波里

你知道世界上收到信件最多的人是谁吗？是克拉克·盖博，是梅意丝，还是普迪·温利？不是！都不是！你完全猜错了。罗伯·利波里这个名字你听说过吗？我可以告诉你，他每年收到的信至少有 100 万封，而在 1932 年他竟收到了从世界各地寄来的信件达 300 万封。这就意味着他平均每天可以收到 8000 封信，也可以说，就在你说一句话的时间里，就有 28 封信寄到他那里。

那些知道他的人，都认为他是世界上最大的“说谎家”。对于人们赠予他的这个头衔，他不但不生气，反倒觉得很自豪和光荣。有时候，他收到的信封上面并没有写出他的名字，只是写着“寄给世界上最大的说谎者”，邮局会毫不迟疑地送给他。对此，信不信由你。

利波里最擅长的就是做一些出乎人们意料的事情，他也正是依仗着这点本领过日子的。最令人惊异的是，有一次他说要拿两封信给我看，一封是写在人皮上的，另外一封竟是写在一根头发上。这不是瞎说吗？哪有一根头发上可以写信的事?！我以为他又在骗人了，但他却不慌不忙地取出显微镜来……天啊，真是一封信！上面的内容和写在纸上的完全没有区别，我实在是无话可说了。接着，他又给我取出另一封奇怪的信，那是写在一粒米上面的信。他说这是一位读者给他写的，用肉眼根本看不清楚，只能用显微镜看。我亲眼看见了这封信，而且仔细地算了一下，在这一粒米上竟然总共写有 705 个单词，也就是写了 2864 个字母。这件事信不信也只能由你了！

他还给我讲了很多令人难以置信的事情。例如：滑铁卢血战的发生地并不是在滑铁卢，薛尔文尼亚并非承袭威廉·本的名字，甚至“水牛”比尔也并未射杀过水牛。最后，他甚至说要在半夜趁我不妨时杀了我。这让我着实出了一身冷汗。他说，凡是知道这消息的人都会在 12 分钟内告诉另外两个人，这些人如此不断地传下去，不到第二天，全世界的人都知道这件事情了。

我觉得，利波里这个人就和他的讽刺画一样令人不可思议。利波里的父亲是个木匠，他曾警告过利波里，如果他想成为一个艺术家，将来一定会连饭都吃不饱，甚至会因饥饿而死。他的父亲很希望他成为一个瓦匠或铅锡匠，因为学会了这门手艺就可以养家糊口，吃喝不愁了。但有谁会想到，从来没有学过绘画的利波里后来竟成为世界上最受人欢迎的讽刺画家呢？

利波里是不是真的很怪？他曾旅行过全世界，主要目的是要拜访一些伟人的坟墓。可是他连离他家只有 3 里远的格兰特将军之墓都没有去过。

虽然他常常出远门，可是，在 6 年中他只去过他在纽约的办公室 3 次。他常常把最难处理的行政业务委托给旁人，而他却独自在画室里作画。他的画室里一片狼藉，报纸、书籍、画稿、古玩、鲜花……这些东西杂乱无章地堆满了整个房间，甚至连凋谢的花瓣也没有扫过。我相信，我在这么杂乱的地方别说长期待下去，就是一天也忍受不了。可是利波里对此却说得很有趣：“明明知道这个房间已被堆放得难以收拾了，那我就干脆不去收拾它了。”他真的是一位艺术家，这样随意的生活才是他愿意过的。他整天穿一件衫裤工作，丝毫不感到困倦。

利波里一直对各种运动着迷，他平生的第一个志愿是做一个职业棒球运动员。他曾和纽约最著名的职业棒球队签过合同，不幸在投球时手臂受伤，因此不得不放弃了这项职业转而从事绘画。他还出版过投手球和拳术方面的书呢！

1918 年圣诞节前的一个星期，他为了找到一个讽刺画的题材，就一个人坐在画室里竭力思考。就在他这么冷冰冰地坐了两小时之后，仍然没有什么收获，这使他非常失望。后来，他突发奇想想用发生在运动界的几件令人吃惊的事情作为题材，反复修改之后，题目决定就叫作《信不信由你》。谁会想到他在那么一个阴郁寒冷的下午突然想出的一个小小创意，竟成为了他一生幸运的转折点。从那天起，他开始一步步地迈进了震惊世界、获得莫大荣誉的征途。

他在 10 年的努力中，每星期坚持画幅《信不信由你》的讽刺画。但是那个时候并不怎么被人们注意，正如利波里有一次亲口对我说的：“我努力苦干了 10 年，却不知道成名只需要 10 分钟！”

利波里这样说并没有夸大其词。在 1928 年 9 月的某一天，他用 10 分钟画的一幅讽刺画，令全国数百万读者震惊不已。这幅画的震撼力比他 10 年努力带来的影响还要大。我在这里想大概把这幅画的内容说一说。真的，这实在是太令人惊讶了——利波里竟然宣称：林白是飞越大西洋的第 67 人。

刚开始时人们都认为他这是无稽之谈，都认为他又在说谎。而他却板起脸一本正经地指出：勃朗和阿尔科克两人曾没有停留地飞过大西洋，这不是在林白之前很早的事情吗？而英国的 R-3d 型飞机和德国的 ZR-3 型飞机，不是也曾做过这样的试验，并最终获得了成功吗？英国飞机曾载过 31 人，德国飞机也曾载过人，这样算起来，林白不是第 67 个飞越大西洋的人吗？你们口口声声批评我这是“无稽之谈”，其实错的不正是你们自己吗？

维廉·伦道夫看了这幅画后给予了很高的评价，于是他就招聘利波里替他的报纸每天画一幅讽刺画。从此以后，利波里可以说是平步青云了。或许有人要问，他每天要画讽刺画，题材就没有断的时候吗？其实，大可不必为这事担忧。他拥有的题材，恐怕已足够他用一辈子了，更何况无论什么时候都有人给他写信，并告诉他许多奇奇怪怪的事情，如此一来，还怕题材会缺乏吗？这正如利波里本人所说：“帮助我工作的人多达数百万。”

利波里是世界上知道奇异之事最多的人，这一点毫无疑问！然而，他却不知道自己画室的电话号码！还是那句话：信不信由你！

罗吉尔的一生都非常具有传奇色彩。他曾有机会拜见过多位皇帝、皇后，以及其他尊贵人士。可是你一定不敢相信，他一辈子一件礼服也没有做过，连平时穿的衣服也很随便，只有在拍戏时，导演为了需要强迫他，他才勉强给自己打扮修饰一番。

幽默影星罗伊·罗吉尔

在美国，每年赚钱最多的人你知道是谁吗？但我必须得事先声明，我并不是指工商界的人士，而是指那些不必从事交易或买卖而获得高额收入的人士——他只需依靠自己的特殊才能，不必雇用职员，也不需要什么助手，就可以大把大把地赚钱。你可能会说，这个人是查理·卓别林？我可以干脆地告诉你"不是他"，因为他自己还创建了一家电影公司。

那是葛莱特·嘉宾？也不是他！

莫非是阿莫斯·安迪吗？也不是他！

那大概是普迪·万里吧！也不是他！

你完全猜错了！这个人并非你想象中那么好，他没受过什么教育，并且只会说一些粗俗的英语。他穿的是那种你不喜欢的旧式的衣服，他与人约会时常常迟到，他喜欢经常嚼口香糖……他是一个彻头彻尾的不修边幅的人。这个人的名字叫罗伊·罗吉尔。

他每年可获得 37.5 万美元的巨额报酬，而这也仅仅是以拍摄三部影片换来的。他每天为一家报纸写一段短文，其稿费高达 400 美元。要是他在公共场所讲一则幽默故事，他就可以获得 3000 美元的演讲费。而他在电台播音的待遇更是高得惊人，一分钟就可获得 333 美元。

他在美国大选的那天出生，遇难于一次飞机失事，他只活了 50 多岁。

你认为他是美国人吗？那你又错了。他并不是在美国直辖的 13 个州境内出生的，他生在印度，而且他出生时的那栋小屋子还保留在那里。他的父母都带有一些印度血统。

要说罗吉尔第一次到纽约时的情形，可真是滑稽之至。当时他开着一辆旧货车，上面全是体型庞大的牛，从俄克拉何马出发。一路上，每当他疲倦时就和牛睡在一起。当他到百老汇游玩的时候，穿的是牧牛鞋和土里土气的破衣裳，大家都笑话他。有一个顽皮的孩子甚至抓起他的破帽子开他的玩笑。但是，就在几年后，当他再回百老汇时却是乘飞机来的。当他走在街上时，每个人都向他行注目礼，围绕着他，请他和他们合影，还把他称为“天之骄子”。

他年轻的时候，还曾为了增加知识而外出旅行过。他的第一个目的地是南美。因为旅费有限，所以他总是选择坐下等舱。抵达南美以后，他找到了一份放牛的工作，每个月只有 4 美元的报酬。不久，波埃尔战争爆发了，于是他又乘坐运牛的远洋轮船来到了南非，并找到了一份在英国骑兵队里喂马的工作。

战争结束以后，他竟失业了，于是他只好和士兵们住在一起吃别人的剩菜剩饭。后来，他加入了一个马戏班，担当在车子上杂耍的角色。这样，他才回到了美国。而他在马戏班杂耍时的那种幽默和怪腔调，被一个著名的星探看中，从此他便进入了美国电影界，逐渐成为一颗崭露头角的世界明星。

罗吉尔的婚姻生活也非常幸福。他的妻子叫碧蒂·布兰克，是一位善良贤淑、美貌如花的女性，她出生在阿柯塞斯。他第一次遇到她时，她正在喝柠檬汁，而他正好骑一辆新买的脚踏车路过那里。他第一眼看见她就再也不愿移开视线了，就好像是前世注定的姻缘。为了获取这位陌生姑娘的欢心，他就在车子骑近她身旁时，故意表演他那出神入化的车技，想借此卖弄一下自己。可不幸的是，他突然一不小心，从车上掉下来受了伤。心地善良的布兰克小姐立刻跑过去，把他扶起来，替他擦洗干净伤口。这就是他们的初次相遇。再后来，他们就步入了婚姻的殿堂，她为罗吉尔生了 3 个孩子。

罗吉尔的一生都非常具有传奇色彩。他曾有机会拜见过多位皇帝、皇后，以及其他尊贵人士。可是你一定不敢相信，他一辈子一件礼服也没有做过，连平时穿的衣服也很随便，只有在拍戏时，导演为了需要强迫他，他才勉强给自己打扮修饰一番。他每年的收入那么高，而他的口袋里永远至多只带 5 美元，而且他一辈子都没有买过一辆汽车。

他经过几度挣扎，在饥寒困苦中，创作出了许多伟大的歌曲。

音乐家沃尔夫冈·阿玛迪乌斯·莫扎特

已故的俄国人李奥波阿尔是世界上最著名的教授之一，经他提拔和训练出来的人遍布世界的各个国家。他曾对我说过一句不朽的话："要是你想成为一个出色的音乐家，那么，当你哭着来到人世间时就应该是贫穷的。"然后，他又补充道，"在贫困者心中，有一种说不出、极其神秘、最最美丽的、可以增强人们力量、思考力、同情和慈爱心的元素。"

李奥波阿尔说得没错。莫扎特不就是这样的人吗？他甚至买不起木炭来温暖他居住的破屋。在寒冷的冬天里，他只好把手插进穿在脚上的毛袜里取暖片刻，然后再继续他的创作。只有这样的人，才有与生俱来的音乐天才，才能创造出许多伟大的歌曲，才能流芳百世。饥饿、寒冷、营养不良，这些都缩短了莫扎特的寿命，使他在35岁时因肺痨而死。莫扎特的葬礼很简单，所有的花费加在一起才3.1卢布。一开始，还有6个人跟随他那简陋的棺材送殡，中途下了一阵大雨，竟把这6个人也冲回去了，最后只剩下莫扎特的灵柩孤孤零零……

如此看来，莫扎特的遭遇不是太不幸了吗？当然不是，许多伟大的音乐天才和莫扎特一样享受着贫穷给他们带来的欢乐。据山佛德回忆，他的密友维克多·赫伯特初到美国时，只有一件破旧的衬衫，因为别无他选，所以一年四季也只能穿着它了；当他妻子洗他那件衬衣时，他只好卧在床上等待。但是，有谁能说他不是一位伟大的音乐家呢？

第一次世界大战时，欧洲最流行的一首歌曲，就是一支有史以来最普遍、最受欢迎的战歌。可是，这首曲子的作者贾克·贾奇同样过着极其贫困的生活，白天去集市卖鱼，晚上还要去做临时演员。还有一首叫《银线之间的黄金》的名歌，同样很受人们的欢迎。作者曾将此歌献给他的妻子，并以 15 卢布的超低价格卖给出版家。后来，他和妻子因意见不和而离婚了，最后死在费城一间破陋的小屋里。他死时的景象十分凄惨，而他的遗嘱却只有一句话，写在一张便条上，放在床边的桌子上："年老最大的痛苦莫过于孤独。"

有一个屠夫的儿子写了一首很出名的歌曲，但不可思议的是，这首曲子是趴在糖房和猪栏里写成的。他是德国人，名叫安东·都瑞克。都瑞克 15 岁时就来到了美国，他没有机会接受高深的教育，有很长一段时期，他跟随父亲在屠场工作，然而，他有一颗仁慈的心，有着与生俱来的音乐天赋。他经过几度挣扎，在饥寒困苦中，创作出了许多伟大的歌曲。

所以像莫扎特、都瑞克这一类的人，正是因为贫困，才能充分发挥自己的天才。

他的成功非常简单，因为他知道自己的需要，然后按照这个“需要”坚持不懈地努力，直至目标实现。

权威作曲家乔治·杰斯文

乔治·杰斯文，美国著名的权威作曲家。我曾拜访过他，而且还向他请教了他成功的秘诀。他告诉我，他的成功非常简单，因为他知道自己的需要，然后按照这个“需要”坚持不懈地努力，直至目标实现。

杰斯文在功成名就之后，还坚持不断地努力是最令我惊异和钦佩的。他每星期都坚持学习3个小时。他如此勤奋好学的精神，是多么值得我们学习啊！杰斯文的处女作仅卖了5美元，可谁能料到，在9年后，他替好莱坞一家电影公司的一部片子创作的一支新曲，竟收到了5万美元的巨额报酬。

当杰斯文第一次上台表演时，就遭到了全部听众的讥笑。后来，他接受了纽约第十四街福克斯城戏院的聘请，成为该戏院的乐师，每星期的报酬只有25美元。在他第一次上台参加演奏时，他非常羞涩，面红耳赤，脑子也有些昏昏然，结果不用说大家也想得到——他演奏得糟不可言，就连台上的演员也在嘲笑他，台下的听众们更是大笑不止。他非常愤怒羞愧，低着头狂奔出戏院。他对我说这是他一生最大的耻辱。杰斯文最初的志愿是想当一名画家，可是后来却出乎意料地成为一位伟大的音乐家，这都是因为他母亲的争强好胜之心所致。

据说，有一天杰斯文的舅妈带了一架新买的钢琴来他们家做客，而他的母亲却非常气愤，认为这是对她及家人的一种有意的侮辱。于是，她不顾经济能力有限，也忍痛替儿子杰斯文买了一架二手钢琴。由于这件事，使杰斯文得以有机会接触音乐，并由此发展他的音乐天赋，为世人创造出许多美妙的歌曲，甚至推动了美国音乐的突飞猛进。因此，杰斯文的成功首先应该感谢他的母亲为他买了那架旧钢琴。

杰斯文是以一曲《天鹅》而出名的，但是他成功的过程连他自己都觉得莫名其妙。在 1918 年，杰斯文首次在百老汇的光陆舞台演奏他的新作《天鹅》时，听众们并没有特别的反应。当时著名歌唱家阿尔·约翰逊也在座，他听完该曲后，认为杰斯文很有音乐天赋，说他一定会成功的。

9 个月后，在一次规模盛大的集会上，有人请求阿尔·约翰逊唱一支新歌。阿尔起初婉言推辞，但后来觉得不应该辜负众人的期望，就引吭高歌了一曲杰斯文的《天鹅》，想不到大受欢迎，大家一致认为该曲优美绝妙。就在这短短的 5 分钟内，阿尔·约翰逊把一支被人们早已经淡忘的歌曲唱红了，杰斯文也因此而成名。

一个月后，各大酒店、影院、舞场、娱乐场所等都在唱《天鹅》曲，几乎每个人都会唱了。这反而使杰斯文万分惊奇，他很纳闷，这首《天鹅》曲怎么会突然风行起来呢？而更让他想不到的是，竟有出版商愿意出 6 万美元的高价购买他这首《天鹅》曲。天啊！他自己现在一星期才只有 25 美元的报酬啊！平生第一次有这么一大笔钱飞进他手里，他还以为自己在做梦。

但是，杰斯文的成名并非偶然。他虽然从未涉足剧场，但确实是剧场中最需要的人物。他创作的许多曲子都很迷人，使情侣们随着乐声舞得如醉如痴。可是，也许你不会相信，他自己却从不跳舞。

杰斯文不抽烟不喝酒。他每天晚上总要工作到深夜，但第二天不过中午他是不会起床的。他还喜欢收藏名画，尤其钟情于法国的作品。他患有神经衰弱症，所以在家中建了一个健身房，并且每星期去神经专家诊疗室接受两次精神疗法。1924 年的林肯诞辰纪念日，现在已成为音乐界的一个很重要的纪念日了，杰斯文就在这一天向世人播出了他生平最成功的一支曲子《忧郁者之歌》。

你必然会认为这支《忧郁者之歌》是杰斯文经过经年累月的工夫才创作出来的吧？不！他是在偶然中完成的，就跟他的许多杰出作品一样，大多都是在偶然之中完成的。当保罗·惠特曼约请杰斯文为他写一首爵士乐曲，以便在他的音乐会中演奏时，杰斯文很爽快地就答应了。可是他并没有将这件事放在心上，后来还因为其他事情很忙而完全忘记了这件事。后来，等他看到报纸上的新闻，说他将要谱写一首爵士乐曲时，他还觉得有些莫名其妙。他想了许久，这才想起了惠特曼的请求，于是他对自己说："我应该给他写的，而且要写得和一般人不同，使人们对爵士乐产生尊贵的感觉。"于是，他在很短的时间里就完成了一首曲子，这就是《忧郁者之歌》——一首被音乐界赋予了无上荣誉的杰作。

这首曲子演奏的那天，戏院里被挤得水泄不通。演奏的时候，听众们都被深深地感动了，有些人甚至流下了眼泪。可以肯定地说，这次音乐会获得了空前的成功，听众不断地给予掌声和喝彩声。《忧郁者之歌》不但在美国音乐界划出了一个崭新的时代，更让杰斯文的大名传遍了世界的每个角落。

更为重要的是他有一种刻苦练习的毅力，在经过多年的苦练之后，才成为世界著名歌唱家。

歌唱家恩瑞科·卡鲁索

1921 年，48 岁的世界著名歌唱家恩瑞科·卡鲁索永远地离开了这个世界，世界各国的各界人士无不为之扼腕痛惜，因为在人类记忆中最美丽的嗓音从此永远地沉寂了。他是在人们的赞扬声中离开的。由于工作过度，他偶然受了风寒，但是当时他并没有很在意。后来病情却越来越严重，在死神的追逐下，他勇敢地同死神搏斗了 6 个月。这时候，全世界酷爱他歌声的人越来越多，他们在内心虔诚地祷告，祈求无法预知的命运能放他一马。

卡鲁索那神奇的嗓音是天生的吗？不是的。更为重要的是他有一种刻苦练习的毅力，在经过多年的苦练之后，才成为了世界著名歌唱家。

刚开始学唱歌的时候，他的嗓音既轻又薄，以至于一个教师对他说："你放弃唱歌吧！你不是唱歌的材料，你连一点嗓音也没有，你发出的声音像风吹窗户一样。"一连几年，他唱高调时总是失败，而且他的表演也非常糟糕，以致有一次在他演唱时，听众竟发出嘲讽的嘘声。可是后来他成功了，世界上很少有人获得过像他那样的成功。

卡鲁索 15 岁时他的母亲就去世了，可是无论他走到何处，总把母亲的相片带在身边。卡鲁索常常说："我母亲走路不穿鞋子，为的是能够节省些钱让我学唱歌。"他每次想起这件事都忍不住哽咽不已。在他10岁时，他的父亲把他从学校领了回来，送到一家工厂去做工。每天工作结束后，卡鲁索就赶紧学习音乐，但他直到21岁时，才有机会到工厂外边独自去演唱。

在那段时间，邻近有一家咖啡店，他常常为了赚一顿晚饭而找机会在那里唱歌。他常受雇在女子的窗下为求婚的情郎唱夜曲。那些不善唱的情郎，在月光下大胆地表演示爱的动作，而他却躲在暗处，把他的心倾注到如阿波罗一样温柔诱人的音调里。然而，当他第一次得到在歌剧院唱歌的机会时，却显得很紧张。在排演时，他的声音像玻璃的破裂声一样尖锐发干。他一次次地试唱，但每一种音调都像是大难临头的呼救声，他急得眼泪夺眶而出，最后狼狈地逃出了剧院。

他第一次登台演唱也是很不成功，他当时正酩酊大醉。他那时只是一名替补演员。有一天晚上，由于那位在剧中唱男高音主角的人忽然病倒了，剧院就急忙去找替补演员，当时卡鲁索也不在。剧院就派了许多人四处找他，最后在一家酒店里找到了他，但他当时已是烂醉如泥了。他以最快的速度赶到剧院时，已经喘得上气不接下气了，而且化妆室内的混浊空气和他腹内的葡萄酒同时作起怪来，顷刻间，他忽然感到天旋地转起来。等到卡鲁索摇摇晃晃地走到台上时，全剧院立刻乱成了一锅粥。结果怎样？他被开除了。第二天当他清醒了以后，他伤心至极，甚至曾想过要自杀。他衣袋里只有一个里拉，也只够买一瓶酒。他那一天没有吃饭，当他正在一边喝酒一边想着怎样自杀时，突然屋门被撞开了，跑进来一个信差——从剧院来的信差。

信差喊道："卡鲁索！卡鲁索，快去剧院！听众都不喜欢那个唱高音的。他们把他轰下台去了，全都喊着要你出场！”

卡鲁索不动声色地答道：“要我！怎么可能？他们甚至连我叫什么都不知道，还是不要开这种玩笑了吧。”

信差喘着气说道：“他们也许不知道你的名字，但他们大喊着说要那个醉汉，不是你，还会是谁？”

卡鲁索去世时已经是百万富翁了。单是他的留声机唱片就给他带来了 200 万欧元以上的收入。虽然他很富有，但是由于他幼年时就知道在穷困中煎熬的滋味，所以他把每一次的花销都记在一个小本子上。不论是买一块不值钱的旧花边，还是收藏一件象牙饰品，就连赏给信差的一角钱，他也会清清楚楚地记在账本上。

对意大利乡村的一切禁忌，卡鲁索都非常在意。在他临死的那天，他害怕自己真会看见“恶魔的眼”。他要先请星相家确知路途平安之后，他才敢搭船横渡大洋。他永远不敢从梯子下边走，或在星期五穿新衣，而且无论有多么重大的事情，他也绝不在星期四或是星期五旅行或做一件新的事情。他有洁癖，他一回到家里就得换一次衣服，而且是从里到外都换掉。

他的嗓音非常的可贵，然而他却常常躲在化妆室里吸烟。人们问他吸烟是否对他的嗓子有害，他却只是笑而不答。他吃饭时总是狼吞虎咽，在上舞台之前，他总要喝一点威士忌和苏打水清一下嗓子。他对读书非常不感兴趣，10 岁时他就离开了学校。他对他的太太说：“我何必念书，我向生活本身学习。”他把念书的时间都花在收藏邮票和古钱上。他有画讽刺画的特别天才，并且每星期为意大利某周刊画一张漫画。

几年来，他一直患有严重的头痛病，这常常折磨得他痛苦不堪。随着年龄的增长，他那惊人的活力日渐衰竭。他没事的时候就一个人坐在书房里。对于世人对他的热烈赞美，他也看得很淡了。最后，他陷入了一种深沉的忧郁。每逢无事时，他就翻出他以前剪的报纸，细心地把它们夹在本子里留作纪念。

卡鲁索出生在意大利的那不勒斯城。但他第一次在本城演出时，当地的报纸攻击他，听众反应也非常冷淡。卡鲁索非常痛心，而他声名大震之后常常回那不勒斯城去，但他却拒绝在该城演出。他觉得他一生最大的快乐就是把女儿格洛丽亚抱在怀里。他曾不止一次表明，他最大的期待就是她长大后跑过走廊推开他书房门的那一刻。这一刻终于在意大利实现了，当时他正站在书房的钢琴旁边。他把他的小女儿抱在怀里，眼中热泪盈眶地对他的太太说道："你还记得吗？这就是我所期待的那一刻。"几天后，卡鲁索永远地停止了呼吸。

这一下意识的举动竟是“魔术之王”霍华德·瑟斯顿整个人生的转折点，使他由一名牧师变成了一个魔术师。

“魔术之王”霍华德·瑟斯顿

很久以前，在一个寒冷的夜晚，芝加哥的麦克维柯大剧院里涌出了一大群人，那是一群脸上写满欢笑与幸福的观众——他们对当时的大魔术师亚历山大·赫尔曼简直着了迷。

街边站着一个因寒冷战栗不已的报童，正向从剧院刚刚出来的人们兜售《芝加哥论坛报》。但是，出售状况却令他非常失望，他没有外衣，无家可归，连买一张床的钱都没有。那天晚上，他就睡在剧院旁的小巷里，他把报纸盖在自己的身上，靠在被地下室的火炉所暖和了的铁窗格上。他又冷又饿，从那时起，他就发誓自己一定要成为一名伟大的魔术师。他渴望人们为他鼓掌欢呼，而他则身着貂皮大衣，在他表演结束后会有许多绝色美女在剧院门口翘首等候着他，以博得他的青睐。他梦想着自己成名之后，也要在这家剧院以主演的身份演出。那个可怜的报童就是霍华德·瑟斯顿。

20 年后，他真的实现了他当初的愿望。在他的精彩表演结束后，他还特地走到那条小巷，看了看从前他在剧院的墙上刻下的他自己的名字，并且回忆起无家可归、忍饥挨饿、迫不得已只能靠卖报维持生计的日子。

1936 年 4 月 13 日，他离开了人世，这个时候他已经被全世界公认为魔术界的绝对领袖——魔术之王。40 年来，他几乎走遍了全世界，向人们展现他不凡的身手，表演着神奇的戏法，使他的观众如置身在云里雾里。6000 余万人争先恐后地购票来欣赏他的绝技，他自己也从中获利近 200 万美元。

在他去世前不久，我曾经花了一晚上的时间去剧院看他的表演。接着，我来到他的更衣室里，听他讲述他的传奇经历。他毫不掩饰过去的生活，他的讲述和他在舞台上表演魔术一般。

在他童年的时候，有一次，因为他把马赶得过快，他的父亲狠狠地用鞭子打他，一气之下，瑟斯顿离家出走了。他从来就没回去过，他的父母一连 5 年都没有听到过有关他的任何消息。他们都以为他已经死了。他自己也觉得他能够活下来简直是个奇迹。因为他做过流氓、恶棍，乘车不掏钱，乞讨、偷盗，几乎无恶不作，他曾被捕了数十次。他经常睡在麦地、草堆以及废弃的房屋之中。他还经常被追逐、遭咒骂、挨打、被扔出车外等等。17 岁时他在纽约街头流浪，身无分文，连一个朋友也没有。后来发生了一件奇妙的事情，有一天，他走进一家礼拜堂洗耳倾听一位传道士讲“上帝在你的身边”。他听后非常感动——他从来不曾这样受感动过，他开始忏悔了。他走上祭坛，泪流满面，从此开始信奉上帝。两个星期后，想不到这位昔日无恶不作的坏家伙开始在唐人街虔诚地传道了。这种快乐是他以前从来没有体验过的，于是他下定决心要成为一名牧师，于是便到马萨诸塞州诺斯菲尔德的穆迪圣经学校半工半读。

在他 18 岁之前，他在学校接受教育的时间加起来总共连 6 个月也不到。他曾经靠看车窗外铁道沿线的商标牌，再向坐在自己旁边的旅行者请教来识字。他什么也不会，因此，他在进入那个圣经学校后，白天学习希腊文和生物，晚上学习算术和读一些其他书籍。后来，他下决心一定要成为一名会治病的牧师，并准备先去宾夕法尼亚大学学习一段时间。但是，此时发生的一件小事却改变了他的一生。

在他由马萨诸塞州赶往费城的途中，他必须在奥尔巴尼城换车。在他等车的时候，无意中走进了一家剧院，欣赏了著名魔术师亚历山大·赫尔曼表演的、令无数人着迷的神奇魔术。瑟斯顿本来就对魔术非常感兴趣，他也曾时常施展他那玩牌的技巧。然而，他最大的渴望就是能和他所崇拜的人物、他心目中的英雄、大魔术家赫尔曼谈话。于是，他来到赫尔曼下榻的那家旅馆，并租下了与赫尔曼相邻的那个房间。他在走廊上来回地踱步，想鼓起勇气敲赫尔曼的门，但他始终都不敢那样做。第二天一大早，他追随这位著名的魔术师来到车站，静静地、敬畏地、羡慕地站在他旁边，望着他心中的偶像。这位魔术师要去锡拉丘兹，而瑟斯顿则准备去纽约——至少他是想去纽约的。他原本打算买一张去纽约的车票，然而却阴差阳错地也买了张去锡拉丘兹的车票。

然而，这一下意识的举动竟是他整个人生的转折点，使他由一名牧师变成了一个魔术师。

第4章　堪称楷模的名人大师

甘地，有人尊他为圣人，也许他就是印度神的化身，许多人对此深信不疑。

如果当时的英国能够听从丘吉尔的忠告，锐意相抗的话，也许就不会爆发第二次世界大战了。

美国第26任总统西奥多·罗斯福在宁静的睡梦中与世长辞。在他离开这个自己曾经叱咤风云的世界时，他说的最后一句话是："请把灯熄了。"

美国第28任总统威尔逊退休之后，从世界各地来了许多人到他的家里看望他。他去世后，悲痛的人们都在他家门外的通道上为他的灵魂祈祷。

深陷爱河的鲁道尔夫坚持不同意父皇的命令，他发誓说绝不放弃玛丽，一定要捍卫自己的爱情。

如果你想认识著名牧师派克斯·卡德门，可以有很多机会，很容易的，只要你有一台收音机就行了，因为他每天都会在电台作播音节目。

甘地，有人尊他为圣人，也许他就是印度神的化身，许多人对此深信不疑。

印度救星莫罕达斯·卡拉姆昌德·甘地

不知人们是否还记得，好多年前，印度有一个身材瘦小穿着破旧衣服的棕色人，躺在帆布床上宣布绝食，并劝勉其他的人也吃素，一直到他离开人世。这件事轰动了全世界，各报都当作重要新闻，竞相以大标题刊载。这个绝食的人，正是 20 世纪一位世界伟人甘地。他既是印度的国父，也是印度最伟大的政治领袖。他带领国家迈向独立，脱离英国的殖民统治。他的“非暴力反抗”的主张，影响了全世界的民族主义者和那些争取和平变革的国际运动。他因此被尊称“圣雄”甘地。

不可否认，单就物质上来说，甘地是非常贫穷的，曾经有人估计过，将他的全部家私变卖，也值不了 0.75 卢比。但是，世界上有哪一位富翁能和甘地的权力相比呢？印度人口占地球上人类总数的 1/6 还多，可是，数百年来他们都沉睡在梦中，不曾有任何觉醒和行动。任凭你生得高大，可又有什么用呢？但是，一位瘦小得不满百磅的人，振臂一呼，却把印度人从数百年的睡梦中唤醒了，这需要怎样的舵力！

关于甘地，值得记述的传闻有很多，比如他那副假牙齿，在不吃东西的时候，总是放在他那破旧的衣服内，等到要吃东西时，才把它安放在嘴里；吃完，立刻又拿出来洗一洗，依然放在他那破旧的衣服里。甘地所吃的食物没有一样是价钱高的，但营养还算丰富，如鲜果、羊奶、橄榄油之类。最初教甘地英语的老师是一个爱尔兰人，因此甘地的英语总是略带一点爱尔兰音调。甘地平常穿的衣服又破又旧，但当初他在伦敦时，也常戴丝质帽子，穿大礼服，还拿着手杖，颇有绅士风度。

甘地曾在伦敦大学学习，还做过律师，这不禁又使我记起一件笑话来了：当他第一次在法庭为人辩护时，感到非常害怕，两条腿不自觉地嗦嗦地抖着……他的律师生活也就这样结束了。你是否也认为甘地缺乏办事才能呢？你的意见仅仅对了一半，他虽然缺乏做律师的才能，但曾做过一件很有益于人类的事情，并且因此每年能获得 1.5 万美元，这足以证明你的评价过于片面了。那么，你肯定会问，他每年都能获得这么一笔巨款，一定会很快乐吧？我可以明确地告诉你，你猜错了，因为他同情在贫困中挣扎的同胞们，又眼望着许多同胞们在饥饿中死亡，所以他认为自己的小小成就实在是微不足道，便把所获得的钱全部救济了穷人，并且立志终生为那些被蹂躏的贫穷人们服务。

甘地所倡导的“不合作主义”源于美国人大卫·萨罗的思想。萨罗在哈佛大学毕业后，花费了 28 美元，在冷僻的海滨建造了一间茅屋，开始了他的隐居生活，并且拒绝纳税。他曾因此被政府逮捕，但他出狱后却著了一本书，反复论述“每个人都不应该纳税”，并且掀起抵制英货的运动。当英国政府向他们征收盐税时，他们就跑到海边去自己晒盐。

从印度教的立场说，印度有好几千万的民众是永远被视为卑下的。为什么这样说呢？不妨以你来做个比喻：假如你住在印度，而你的祖先在千百年前曾做过一件不名誉的事情，根据印度教的主张，你的祖先固然是卑下无耻的，连千百年后的你，甚至你的子孙们，也永远卑下，永远没有抬头的日子了——你没有资格去喝那甘甜的泉水，而只能去喝那恶臭难闻的脏水。时间一长，你就变得麻木了，你也自以为卑贱了，你甚至不敢到商店里买东西。战战兢兢地站在相当距离之外，等待人们把东西丢掷给你。你没有资格进学校，更不配进入讲公理的法庭，你被万人诅咒。要是你的影子投射到一件食物上时，这件食物即便是腐烂了也不会有人吃它的。像这样占全球 1/6 还多的人们竟然过着如此痛苦而又可怜的生活。

伟大的甘地以身作则，把一个正过着这种可怜生活的小女孩抱来认作养女，并好好地抚养她成人，对待她胜过对自己的亲生女儿。他最大的心愿就是为这些人争取到自由。

甘地，有人尊他为圣人，也许他就是印度神的化身，许多人对此深信不疑。

如果当时的英国能够听从丘吉尔的忠告，锐意相抗的话，也许就不会爆发第二次世界大战了。

英国首相温斯顿·丘吉尔

1857年，美国的经济很不景气，四年后南北战争爆发。然而，就在这一年，有位名叫雷诺·杰鲁姆的男子在纽约股市上赚了600万美元，对他本人而言，这当然是莫大的幸事。但有谁能够想到，就是这件完全个人化的事情竟使人类历史的进程发生一次重大的转机。这是怎么回事呢？可以肯定地说，如果雷诺·杰鲁姆没有在股票上赚这一大笔钱，那么人类历史上就不会有温斯顿·丘吉尔这个人了，因为丘吉尔是雷诺·杰鲁姆的孙子。

赚了这600万美元以后，雷诺·杰鲁姆先拿出一部分用来买《纽约时报》的股票，并将剩下的一部分在美国设了两座赛马场。等他做完了这两件事之后，他变得越来越富有了。与此同时，他开始周游世界，并在英国上流社会频繁出入。结果他的女儿——珍妮·杰鲁姆，以美国女性特有的魅力，与英国贵族蓝道鲁夫·丘吉尔相识并最终结为夫妻。1874年11月30日，在全英格兰历史最悠久的城市之一的布莱尼姆堡，温斯顿·伦纳德·斯宾塞·丘吉尔降生了。也就是说，丘吉尔有1/2是美国血统。

丘吉尔足智多谋，手握大权，并左右世界走向长达1/3个世纪。他备受国际社会关注，是当时英国最卓越的军事家、政治家。1911 年他以文官的身份担任英国海军大臣，身居英国海军最高统帅之职。国家的命运掌握在他的手中，就连世界局势也受他的影响。丘吉尔是当时举足轻重的世界级人物。

从小时候起，丘吉尔就梦想要成为一名军人。他常常把自己的玩具当成军队整齐地排列起来，玩与别人打仗的游戏。后来，他从英格兰赫斯特陆军大学毕业后，在英国海军服役多年。他还隶属过班格尔枪骑兵连，在编作战，也曾在苏丹沙漠跟随基奇纳将军与土著人交战过。1900 年，他凭借一次勇猛果敢的行动震惊了世界，26 岁的丘吉尔也因此当选为国会议员。

那是在 1899 年，南非爆发了布尔人战役，丘吉尔被伦敦的一家报社派为前线通讯员，每天 40 英镑的工资，这样的待遇在当时是相当高的了。而他也不负众望，充分发挥出他的杰出才能，成为英国历史上前所未有的著名通讯员。

最有趣的是，他本人也常常成为新闻的重要来源。例如有一次，他为了获取前线最新的新闻，就冒着枪林弹雨深入敌后采访，结果不小心被布尔人抓进了监狱，然后他又从布尔人的监狱中逃了出来。前线的记者把他惊心动魄的事情都当作最新新闻发回了英国。当时，勇敢坚强的丘吉尔成了英国人民心中的英雄，人们无时无刻不在关心他的事情，为他欢喜，为他忧愁。

布尔军放出消息，不论死活，只要能抓到这位烦人的贵族之子丘吉尔，便予以重赏。与此同时，丘吉尔突破重重障碍，一路狂奔了几百英里。沿途到处都是敌军的部队，他每走一步都有极大的危险。为了避开敌军，他时而抄小路徒步潜逃，时而爬上货运火车通过敌军哨卡。他曾露宿在森林、原野中，也曾在矿坑中熬过漫漫长夜。他还走过到处是陷阱的沼泽地。在途经非洲大草原时，身边不时飞过饥饿的秃鹰，它们都盼望着在这个活物疲惫不堪倒下时美美地饱餐一顿。

当这些惊险的经历全都详详细细地刊登在英国的报纸上时，由于这类冒险事情本身就容易引起人们的关注，再加上丘吉尔那生动的文笔、充满悬念的情节，更是锦上添花，使他成了一名传奇性的英雄记者。

1900 年，丘吉尔成了全国最受关注的新闻人物，人们都争相阅读他的文章，注视着他的每一个举动。不久，丘吉尔凯旋。当时，甚至还有人谱写歌曲来颂扬他的丰功伟绩，前来聆听他有关这次经历的听众爆满了整个会场。他得到了全国人民的拥戴，以至于顺理成章地当选为国会议员。

“绝对不能在危险面前退缩逃跑！”这就是丘吉尔的座右铭。

1921 年，丘吉尔应邀到美国作巡回演讲，他每晚演讲的报酬高达 1100 美元。就在他动身之前，伦敦的情报机关已经获得了确切消息，英国境内一些仇视政府的极端分子组织了一个“暗杀协会”，准备暗杀丘吉尔。因为在他们眼里，丘吉尔就代表着大英帝国。如果丘吉尔执意去美国演讲，很可能有被杀害的危险。丘吉尔在接到伦敦警察的警告后，仍然没有改变他的演讲计划。一次，当他来到美国西部的某个城市时马上就被告知，潜伏在该市的几名恐怖分子已经购买了当天晚上演讲会的入场券。丘吉尔的处境很危险，该市的警察署长决定取消演讲会，但这一建议被丘吉尔的经纪人拒绝了。

后来丘吉尔听说此事后，曾经这样说过：“当危险向你逼近时，你绝对不能逃避，那样危险将会倍增。相反，如果你能够果敢地去面对危险，那么危险就会减半。”

在危险面前丘吉尔不但不退缩，反而更加勇敢，这样的例子数不胜数。在他担任海军大臣时，英国海军总共才有五六架飞机，飞行员也寥寥无几。在 1911 年，也就是莱特兄弟发明飞机的

8 年后，与飞机有关的各种技术都尚未成熟。当时的情况是飞机飞上天之后，谁也不能确定它会在什么地方降落。驾驶飞机是一件非常危险的事。

丘吉尔当然清楚驾驶飞机有多么危险，但他还是不顾其他人的反对而多次亲自驾驶飞机。结果，在他亲自驾驶的过程中，还真有好几次遇到了坠机事件，不过苍天保佑，他每次都幸免于难。后来甚至连英国政府都出面力劝丘吉尔停止这种冒险的飞行，但同样被“固执”的丘吉尔拒绝了。他喜欢在高空中那种翱翔的感觉，无论如何也一定要亲自去体验其中的快乐。丘吉尔作为一名出色的战略家，曾预言飞机会改变以后的作战模式。可以说，是丘吉尔一手创造了英国的海军航空队。

丘吉尔还有一个最大的特点，那就是他的意志比钢铁还要坚强。这一点充分地体现在他在求学的态度上。他上学的时候成绩很不好，无论是拉丁语、希腊语、数学，还是法语，他都没有认真学过，平时也不怎么爱念书。在他看来，与其花费大量的时间学外语，还不如集中精力把英语学好。

从某种程度上说，或许有一定的道理，但是，并非所有的人都持这样的观点。因为他不把外语和数学当一回事，结果他在预备军校里的成绩常常是全班的倒数第一。但即使这样，讨厌数学的丘吉尔竟担任了四年的财政部长，手握大英帝国的财政大权。

丘吉尔曾经参加过几次赫斯特陆军大学的入学考试，但是前三次都名落孙山，直到第四次才得以通过。但可笑的是，等他从那个学校毕业后才发现，他在那里并没有学到什么实用的东西。当时他只有 22 岁，还只是一名英军驻印度士官。

在遥远的印度，讨厌学习的丘吉尔暗下决心，要努力学习，发奋读书。于是，他写信给英国的母亲，请她寄来地理、历史、哲学、经济等各方面的书籍。他总是在大热天的下午趁教官午睡的时候，专心地研读柏拉图的哲学著作、吉本的《罗马帝国衰亡史》和莎士比亚的文学作品等。这样的生活一直过了好几年，其间他学会了运用明快、简洁、有力的写作文体，这种风格在他的著作和演讲中随处可见。说到演讲，他并不是最棒的，他没有好听的声音，也无法很好地控制现场。但是后来，他却成了世界上最著名的演说家之一。

丘吉尔每天都要工作 14~17 个小时，有几次他还连续工作了七天七夜，而这也使他的秘书很不轻松。他为什么会有这么旺盛的精力呢？原因就是他会在工作一段时间之后，适当地放松休息一会儿，最主要的是，他不会等到非常累才休息，而往往是在自己尚未完全疲倦的时候就休息。

他早上起床的时间一般是在 10 点钟左右，但在正式起床 3 个小时之前，他就已经开始坐在床上工作了：嘴里叼着雪茄，打电话给重要的人，让秘书回述信件，还要阅读报纸、各种报告以及海外来电，这样在床上工作 3 个小时后才会真正起床。他非常喜欢用旧式的刮胡刀刮胡子。他基本都在下午 1 点吃午饭，饭后总要休息一小时，然后才开始下午的工作。到了傍晚，5 点钟就上床休息约半个小时，用完晚餐后通常要工作到深夜 12 点。

丘吉尔将自己的演讲内容以《酣睡中的英国》为题结集出版。在这本书中他宣称希特勒将要发动战争，说希特勒是世界上真正危险的人物。从 1933 年到 1939 年的 7 年间，他一有机会就向人们大声疾呼：德国正在扩充军事力量，将会击沉英国舰队，攻击英国，他们的野心是征服并统治整个世界。

丘吉尔以自己敏锐的观察力预见到了以后要发生的几乎所有的事情，他想凭借自己的声音引起人们对好战分子的警惕。如果当时的英国能够听从丘吉尔的忠告，锐意相抗的话，也许就不会爆发第二次世界大战了。

罗斯福在宁静的睡梦中与世长辞。在他离开这个自己曾经叱咤风云的世界时，他说的最后一句话是："请把灯熄了。"

美国第 26 任总统西奥多·罗斯福

1919 年 1 月 4 日下午，有一队士兵爬上长岛的阿普顿营地附近的小山，举枪向空中鸣枪致哀——罗斯福总统去世了！西奥多·罗斯福是美国历任总统中最受人民爱戴的一位！

几乎每一件和罗斯福有关的事情都是那么不寻常且极具传奇色彩。比如，他的眼睛高度近视，要是不戴眼镜的话，他甚至连在十步远的自己最要好的朋友也认不出来。但他却是一名神枪手，曾经在非洲击毙过雄狮。他是举世公认的最厉害的猎手，但奇怪的是他却从没打过一只鸟，也从没有钓过鱼。

他年轻的时候身体很虚弱，长年受哮喘病的折磨。当初，他决定去西部当一名牛仔，正是由于自己的身体虚弱，想以此来强壮自己的体魄。在那辽阔的西部，白天他在一望无边的草原上奔波不停，夜晚则在树林里露宿。结果，他练就了一副极为强壮的体格，以至于后来他竟然敢挑战著名的拳击手迈克·多诺万。他曾在南美洲的丛林中探过险；翻越过少女峰和马特峰两座高山；并且还在古巴的圣胡安山参加过战斗。

罗斯福在他的自传中说，他小时候是一个非常胆小的人，经常担心会受到什么意外的伤害。然而后来，他却因为自己的冒险行为折断过手腕、胳臂、鼻子、肋骨和肩膀。即便如此，他还是大胆地去尝试，不断地去冒险。当他在北达科他州做牛仔时，常常会从马背上摔下来而受伤。但是，哪怕是摔断了自己骨头，他也仍旧会爬上马，继续驱赶牛群。在讲自己是如何训练自己的勇气时，他说道，让自己去做一些平时不敢做的事情，当然，在做这些事的过程中，有时会被吓得半死，但我会告诫自己决不能放弃，要勇敢地坚持下去。罗斯福正是逼自己采用了这一看似很残酷的方法，使他最终从一个胆怯、懦弱的小孩变成了一个无所畏惧的男子汉，以至于他面对非洲怒吼的雄狮和战场上震耳欲聋的炮声都毫不畏惧。

1912 年，罗斯福赶往某地演讲，途中突然有个失去理智的人向他开了一枪并击中了他的胸部。他没有向任何人宣称自己中枪了，也不顾众人的反对，依然上台演讲，最后因失血过多晕倒才被送进医院抢救。

他在白宫期间，睡觉或是外出散步身上总有一把装有子弹的手枪。

在他任总统期间，曾同一位军官发生过冲突，二人还为此动起手来。那位军官一拳打中了罗斯福的左眼，致使他左眼周围血管破裂而失明。但是，罗斯福不想让那位青年军官知道他失明。所以，当那位军官再次提出与他进行比试时，罗斯福拒绝了，那位军官还以为罗斯福总统惧怕比试了呢。数年后，罗斯福的左眼彻底失明，但他始终没有让那位青年军官知道这件事。

当年在牡蛎湾总统别墅里烧的木柴都是罗斯福自己劈的，他偶尔也会到田间捡点杂草来生火。有意思的是，他为此还曾坚持要求他的园丁为他付工资呢。

罗斯福从来不吸烟，只是偶尔会在晚上喝上一小杯加了白兰地的牛奶用来帮助睡眠。这还是他的侍卫告诉他的，在此之前，他对此一无所知。尽管如此，还是有一些人诋毁他，说他是一个嗜酒者。最后忍无可忍的罗斯福竟以诽谤罪对这个人提起诉讼，以此来制止谣言，证明自己的清白。

在白宫里，每天都日理万机的总统罗斯福却总能抽出时间来阅读大量的书籍。他规定在某个特定的下午用来接见来访者，并且接见每位来访者的时间都不超过 5 分钟。就在接见对象交替的短暂时间里他都会抓紧时间阅读放在手边的书。

每当外出旅行时，他总是随身携带一套袖珍版的《莎士比亚全集》。当他在北达科他州放牧时，常常坐在帐篷外的火堆边给围坐在一起的牧童高声朗读《哈姆雷特》全剧。在去巴西丛林的途中，他每天晚上都坚持阅读吉本的巨著《罗马帝国衰亡史》。

他喜欢听音乐，但对音乐他却是一窍不通。当他独自工作时，常常喜欢哼一哼《我主已靠近你》这首歌。有一次，当他骑马经过西部某个城市的街中心时，手里一边挥舞着帽子向路边的群众致意，同时嘴里还不停地哼着《我主已靠近你》。

他有很多稀奇古怪的爱好。一天，他在白宫的办公室办公时，突然心血来潮给华盛顿某报社的记者打了一个电话，让他马上到自己的办公室来。该报社的老板受宠若惊，以为总统一定是要向他透露一些不为人知的秘密消息。于是，那位老板立即要求报社准备安排印发增刊。当这位记者匆匆忙忙来到白宫，见到总统时，罗斯福却没有说任何秘密，这位童心大发的总统领着记者来到庭院里的一棵老树下，让记者观看他刚刚发现的一窝出生不久的小猫头鹰。

还有一次，罗斯福总统坐专车前往美国西部的某地，在车中他接见了许多政界要人。正在谈话过程中，突然，他从窗户中看见一位拿着帽子垂手站立的老农夫，他知道这个农夫是在对自己表示敬意，因此，罗斯福赶快跑到火车最后一节车厢外，热烈地挥舞着自己的帽子向那农夫还礼致意。罗斯福这么做并不是故意要赢得好名声，他是真诚的，是完全发自内心的，因为他深爱着他的国民。

到了晚年，罗斯福的健康状况大不如前，虽然他只有60多岁，但他已经明显感觉自己老了。他在给一位老朋友的信中说道："你我都已是风烛残年了，不知道什么时候我们就会从这个世界上消失。"

1919年1月4日，罗斯福在宁静的睡梦中与世长辞。在他离开这个自己曾经叱咤风云的世界时，他说的最后一句话是："请把灯熄了。"

威尔逊总统究竟是一个怎样的人呢？他曾被很多人誉为绝顶天才，但也有不少人讥笑他，说威尔逊是有史以来最大的失败者。

美国第 28 任总统威尔逊

威尔逊总统究竟是一个怎样的人呢？他曾被很多人誉为绝顶天才，但也有不少人讥笑他，说威尔逊是有史以来最大的失败者。他曾经为自己理想中的和平世界——国际联盟——奉献了全部的精力，但他最终却以失败告终，被自己的理想彻底摧毁了。

1919 年，当威尔逊总统带着和平的使命远赴欧洲斡旋之际，他被人们称为时代的救星。战乱不止、痛苦不堪的欧洲人民欢迎他时如迎天神。久经战乱之苦的人民就好像朝拜神灵一般，虔诚地祈祷他能停止战乱，为他们带来福祉。此刻，全世界都匍匐在他脚下。然而，3 个月后，当他垂头丧气、疲惫不堪地返回美国时，许多朋友都离他而去，并且他还为自己结下了成百上千的仇敌。

历史上，称威尔逊总统有点像富于理想的学校教师：冷静、庄重、缺少人情味。但真正的威尔逊与此几乎完全相反，他是个极富人情味、渴望与人交往和沟通的人。然而，他最大的遗憾就是他自己的羞涩使他看起来是那么高傲、那么拒人于千里之外。他曾经说过，他愿意用现在的一切为代价来改变自己，但最终还是让他感到无奈，他根本无法改变自己。

他偶尔也会变得疯狂。他在韦斯利大学任教期间，有一次在观看一场足球比赛时，他兴奋得竟然从看台的座位上跳进场内，带领啦啦队不住地呐喊助威。而他在百慕大学执教时，却常常为了能和黑人船夫聊天而去划船。

威尔逊总统直到 11 岁才开始读书写字，最喜欢看侦探小说，但是即便这样，他仍然是美国最有学问的一位总统。

他不喜欢艺术。他常说，自己宁愿买一张便宜的石印的五彩画，也不想要那些富有艺术气息的价值连城的杰作。而且，他宁愿去看一场普通的滑稽剧也不愿去欣赏所谓的高品位的莎士比亚名剧。所以，威尔逊总统几乎每个星期都会看杂要表演，他认为那才是纯粹的消遣放松，而不是去剧院接受什么教化。

他一生中大部分时间都是在贫困中度过的。他当教授时薪水非常有限，以至于他的太太不得不靠卖自己的画来维持全家的生计。年轻的威尔逊做教授时连买衣服的钱都没有，等到他当上总统之后，也像林肯一样，丝毫不看重自己的外表。有一次，仆人坚持要把他的旧西服送到裁缝店换个新衣襟，但是威尔逊总统却坚持说，那件西服至少还能再穿上一年。在饮食方面威尔逊总统也从不讲究，就和林肯一样。他几乎吃所有摆在他面前的东西，而且他常常不知道吃什么好。他一生只吸过一支雪茄，甚至可以说连一支也没有吸完过，而且在吸完后还因此病了一场。

他唯一的奢侈，就是爱买那些他喜欢看的书籍。

其实威尔逊总统有一颗感情丰富而细腻的心，只不过被他那冰冷的外表掩盖罢了。凡是真正了解他的人都说，他比罗斯福总统还要富有激情。他做总统后的第一件事就是给太太买了一件舒适的貂皮大衣。可是他的太太在他做总统一年后就去世了，令人惊异的是，他竟然不允许人们把她的尸体移出白宫。他将太太的尸体放在沙发上，在旁边守了整整三天三夜都不肯离去。

他智慧高超，被称为“智力上的伟人”。但是他并不擅长各种语言，也不喜欢世界名著，对哲学也兴趣平平，对科学的发展更是漠不关心。

他在事业的初始阶段选择了律师这一职业，但他的律师生涯很失败。他从未真正为别人辩护过，他一生只处理过一宗财产纠纷案，而当事人就是他的母亲。

威尔逊最大的弱点就是做事缺乏策略和手腕。在他晚年时，他曾回忆说他毕生的心愿，就是要成为一名出色的政治家。他经常在自己的房间里练习演讲，而且一练就是三四个小时。为了提高自己在各方面的能力，他甚至在墙上贴了一张图表来时刻指导自己形成恰当的姿势。然而，他只是想着提高自己的能力，却忽略了一件非常重要的事情——他从来不知道如何善待他人。在他逝世前，他还一再遭遇到友谊破裂之苦：他和参议院主席发生了争执；和他最亲密的挚友豪斯上校断绝了关系；最后，他又因为授意国民只选民主党人担任政府的官职，而引起了许多本国的国民对他的不满。

在美国参议院拒绝接受参加国际联盟的提议之后，威尔逊便直接采取了让全国人民决断的方法。他的身体本来就不是很健康，医生也警告他不要过于操劳，但是他一点也不听劝告。在他总统任期的最后一年里，这位曾经乐观开朗的智慧天才，竟虚弱到了需要有人把着他的手才能签名的地步。

威尔逊退休之后，从世界各地来了许多人到他的家里看望他。他去世后，悲痛的人们都在他家门外的通道上为他的灵魂祈祷。

深陷爱河的鲁道尔夫坚持不同意父皇的命令，他发誓说绝不放弃玛丽，一定要捍卫自己的爱情。

为爱至死不渝的奥匈皇太子鲁道尔夫

1889 年 1 月里，一天清晨，天气十分寒冷，多雾，就在太阳出来之前，从奥匈帝国的皇太子鲁道尔夫的游猎别墅里发出三声枪响。在这所别墅度假的鲁道尔夫的朋友们，立即向出事地点赶去，他们使劲地捶打着通往皇太子卧室去的门，但没有丝毫反应。于是，他们急忙撬开房门，冲了进去。进入房间后，被当时的情景吓得目瞪口呆，惊恐万分的他们连气也喘不过来。房间到处凌乱不堪：椅子被打翻在地，空香槟酒瓶杂乱地倒在地板上，墙上和枕头上到处是血迹。皇太子鲁道尔夫穿戴整齐地躺在床上，脚上还穿着猎靴，然而头颅已被打得粉碎。躺在鲁道尔夫身边的是他深爱的女人，一颗子弹从他的颞骨穿进去要了她的命。她那漂亮、茂密的棕色头发掩盖住了伤口。在她身体上并没有其他丝毫明显受伤的痕迹，她像希腊女神一样美丽，安静的面孔与生前一样祥和。

这一幕悲剧也许直至今天对人们的生活还会有影响，的的确确，它影响了世界历史的发展。为什么这样说呢？原因很简单——

假如这位爱好和平的皇太子还活着的话，他绝不会允许自己的国家同他讨厌的德国结盟，也会拒绝同他喜爱的英国开战。那样，也许就不会爆发第一次世界大战，人们也不必遭受经济大萧条的影响了。

现在，你或许会问，到底是鲁道尔夫枪杀了他的爱人后自杀的呢，还是他们二人一起被第三者谋害了呢？恐怕没有人知道事实的真相。这一悲剧引起了很多人的兴趣，他们写了许多关于这件事情的书籍——德文的、英文的、意大利文的，各种语言的都有。但是，没有任何书籍说得清这个悲剧的真相是什么，也没有人能揭开这个悲剧的秘密。

当枪声响起时，在那所游猎别墅里只有鲁道尔夫的两个朋友——科堡的菲利普王子与贺约斯伯爵。他们都认为那是自杀，所有的维也纳人也都这么认为。

鲁道尔夫生前去过许多地方，能够讲 10 种语言，他也写过一些书，非常受人民的喜爱。实际上，他在维也纳也受到了人们的普遍尊敬，是奥匈帝国人民心目中的偶像。1888 年，也就是他去世的前一年，他碰到了玛丽·费采拉男爵夫人——一个血管里流着希腊人的血液、千娇百媚、年轻活泼的女人。当时她才 19 岁，他 29 岁，两人一见钟情，很快便坠入了浪漫而狂热的情网。

他们热恋的绯闻震惊了整个维也纳，连那些向来不关心世事的人也在关注这件事。一时间流言四起，终于有一天，这些传闻传到了那位严厉的老皇弗兰西斯·约瑟夫的耳朵里。起初，他对于他们的这种交往装作不知道，因为他自己也并非是个完美的人。但是，这件事并没有因为人言可畏而有所改变。

后来，情形发展得越来越坏，人们开始公然议论甚至诋毁皇太子的声誉，维也纳和布达佩斯所有的人都在饭后讨论这件事。于是，弗兰西斯·约瑟夫便把他的儿子鲁道尔夫叫到宫里，要求他立刻离开那个放荡的女人。

但是，深陷爱河的鲁道尔夫坚持不同意父皇的命令，他发誓说决不放弃玛丽，一定要捍卫自己的爱情。弗兰西斯·约瑟夫大发雷霆，想通过威吓使儿子屈服，但结果仍是无济于事。因为在鲁道尔夫的心中，玛丽比荣华富贵甚至是光彩耀眼的王冠还要重要。

自从那次和父皇公开发生冲突以后，鲁道尔夫和玛丽便经常到他的游猎别墅去秘密约会。那所别墅隐藏在离维也纳大约有30里远的丛林之中，这足以避开一些喜欢散布谣言的人。在1月的某个星期里，他们又偷偷地来到了那儿，想在那里过几天自由快乐的日子。但就在那天的清晨，突然发出了三声枪响，世界历史的进程也由此而发生了改变。

在鲁道夫去世的那个清晨，他本打算要去打猎的。因此，在清晨6点半钟他就被仆人叫醒了。但是仆人告诉他，早晨的雾很大而且非常冷，鲁道尔夫只得打消了去打猎的念头，然后他让仆人备车，准备回维也纳去。最后见到鲁道尔夫的二人说那天皇太子的心情很好，脸上还带着笑容，他很快乐。因此，这位仆人断定他们是被人谋杀的。

有什么动机能够促使鲁道尔夫自杀呢？在这个世界上，像他那么幸运的人还真不多。他有着富可敌国的财富、极好的声望和人缘，而且又年轻并与自己心爱的人在一起，还有象征着至高权力的哈布斯堡王位在等着他。

鲁道尔夫死后，他的父皇并不想宣扬此事，于是，他吩咐御医签署一纸声明，宣称鲁道尔夫是中风而死。但是御医却拒绝了他的命令。

鲁道尔夫穿着国王的服饰，与统治奥地利600多年的哈布斯堡王室的祖先们葬在了一起。但是，他最深爱的人的尸体则被人丢在一个衣箱里，放在游猎别墅的仆人伙房里好几天，没有人会注意她。

最后，在某一天夜里，她被葬在了浓密的松树林深处的一所寂静的修道院中间。僧侣们把她的尸体放在一个用粗劣的松木板拼钉起来的棺材里。当她被放进棺材时，她的衣服还挂在木板外的树皮上。她和鲁道尔夫一同幽会时所戴的那顶帽子，现在却成了她的枕头。松林间偶尔刮过的悲风是她唯一的安魂曲。

仲马斯虽是一个善于讲话的人，但在各种不公开的场合里，他通常都沉默不语，总是静静地聆听别人讲话。

讲话高手罗威尔·仲马斯

仲马斯是一个非常优秀的人才，他写过很多书，有些他甚至都忘记了书名。他具有演说的天赋，曾和400万人面对面讲过话。电台播音的工作对他来说再适合不过了，几乎在每一个国家都有他忠实的听众。有一次，西方联合电报公司发布消息说，凡是在某天下午打给仲马斯的电话都是免费的。这一消息传出后，那一天下午该公司的电话突然忙乱起来。令人难以置信的是，在1小时内，竟有多达25万个电话打进来。记得曾有一段时间，整个伦敦的人都在狂热地购买入场券，致使好几条街道都交通阻塞。我起初也不清楚他们买什么票，难道是去看大明星嘉伯尔吗？后来一问才知道，这么多人买票，不过是想听听仲马斯讲一些历史上的故事而已。

许多人都很好奇，仲马斯到底是个什么样的人呢？我可以说一些他曾经做过的事：他当过金矿工人、牛场烙印员、新闻报告员、刊物主笔和大学教授。他也到过欧洲、亚洲、非洲、阿拉斯加、澳大利亚和各大海洋中的各个岛。他经陪同威尔斯王子到过印度，并且他是第一个获得美国政府许可进入阿夫干尼斯坦荒漠探险的人。

他非常喜欢摄影。第一次世界大战时，他和他的摄影助手曾在战场上拍摄了英、法、比、意和美等国家的参战情形。在印度时，为了拍摄那里的珍奇景物，印度政府曾派给他许多车辆、汽船、大象，并且全由他指挥使用。

他曾担任波雷斯顿大学“日常会话”课程的讲师，他是一个非常擅长讲话的人。他的工作就是把每天的重要新闻报告给美国的数百万民众，并以广播的形式讲给全世界的人听。不论是澳洲山脚下的牧羊人，还是关在监狱里的囚犯，都是他的听众。就连远在南非钻石矿中的矿工和新加坡的船长，也都把“捧场信”寄给他呢。

总之，无论他在哪里说话，或是说些什么，总会有许多人在倾听。不过事实上，仲马斯虽是一个善于讲话的人，但在各种不公开的场合里，他通常都沉默不语，总是静静地聆听别人讲话。

他既然能取得这么大的成就，依你的猜想他至少也和萧伯纳一样，有着花白的胡须吧？其实不然，在他 40 多岁时，还没有一根灰色的头发。

距离我第一次与仲马斯相遇已有二三十年了。他当时正在波雷斯顿读书，一贫如洗，更没有什么名气。等他成名后再见到他时，他并没有居功自傲，而是依然和从前一样和善、热心而谦逊。

仲马斯在纽约有一座华美的房子，但他却更喜欢乡村的田园生活。

无论白天多忙，他每晚一定会回到乡下，这已经成为他的习惯了。他每天晚上 7 点钟在电台播音完毕，而最后的一班车通常就在 5 分钟以后发出，因此尽管他每次都飞快地往车站赶，但还是经常赶不上车。后来，纽约中央铁路局特意发出通告：“每晚7：05的班车，在仲马斯没有登车之前，绝对不准发出。”由此可以看出，仲马斯是多么受人喜欢！

仲马斯10岁时就在科罗拉多州克利尔河畔的赌场和酒楼中卖过报。虽然这些地方都是社会最黑暗的角落，但让人高兴的是，仲马斯并没有因此而染上种种不良习性。他既不抽烟，也不喝酒，而且痛恨赌博。他的夫人科罗拉是一个美丽贤惠的女子，儿子萨耐也聪明伶俐，家庭幸福美满，从没有因为某事而争吵过。

在寒冷的冬季里，他常常伴同他的爱犬坐在火炉旁，望着灶膛里的火，好久都不说一句话。据仲马斯回忆说，他在上学时，家里很穷，他是一边打工一边上学完成学业的。他曾管过炉灶，当过厨师和服务生，还曾给一位教授喂过牛。因此，仲马斯常常对别人说，如果不是当年那些卑贱的事情给了他这么多经历和经验，他就不会有现在的成功。

毫无疑问，仲马斯很忙，他每天都要做许多事情，都要说许多的话。然而，最难能可贵的是，他仍能凭借冷静的头脑沉着应付一切琐碎的事。

有一次，在一个冬天的早晨，我和他从他在乡下住的地方出发，赶一列开往纽约的火车。我当时粗略地算了算，我们只有7分钟的时间吃早餐，其余的时间就得匆匆忙忙地赶路了。谁知他却很从容地走进饭厅，亲自动手点着了炉火，然后一面悠闲地看着炉火，一面和我闲谈进餐。最后，我想告诉大家的是，仲马斯不会开汽车，这是千真万确的。但是，他却会驾驶飞机，你不相信吗？那也只能由你了。

如果你想认识著名牧师派克斯·卡德门，可以有很多机会，很容易的，只要你有一台收音机就行了，因为他每天都会在电台作播音节目。

著名牧师派克斯·卡德门

在纽约时，我常常从住的地方出发，渡过伊斯特河，到卡德门牧师那里与他聊天，每每都是天黑之后才回家。卡德门博士在纽约是很有名望的人，他在电台播音已经有 10 多年的时间了，可以称得上是播音界的元老了。如果你想认识他，可以有很多机会，很容易的，只要你有一台收音机就行了，因为他每天都会在电台作播音节目。

你是否常常觉得工作把你压得喘不过气来？那就请你看看卡德门博士每天要做多少事情吧：

他每天早上 7 点钟准时起床，要写二三十封信和一篇 150 字左右的报刊短文，再准备一篇演讲词，探望五六位教区居民，还要参加两三个地方的集会，然后匆匆忙忙地回到家，再读一本新书……直到深夜两点，他才算完成了一天的工作，然后才上床睡觉。

如此繁重的生活，换作是我，可能只要过两天就会因疲惫不堪而厌烦了。然而，卡德门先生却这么很淡然地一天天过下去。

他曾告诉我说，他从英国著名政治家格莱斯顿那里学到了一个很有价值的经验：当他担任英国首相时，他在办公室里摆了4张桌子，分别用于文学、商业、政治、阅读书报等。根据格莱斯顿的经验，经常更换工作的内容，才不会使大脑厌倦困乏。卡德门很谦逊地说，他每天的工作虽然很多，却不觉得繁忙，也就是借鉴了格氏的办法。

卡德门也经常阅读各种不同的书籍。他认为读书和吃饭一样，应该时常变换口味，所以他每个星期都要阅读两三本侦探小说。如果有谁哪天看到卡德门先生正在读一本哲学的书，就认为他喜欢研究哲学，那是多么的幼稚啊。

有一次，我去拜访他时，看见他的桌上正放着4本书：一本是《食谱指南》，一本是格兰费尔写的《拉伯瑞多罗曼史》，一本是《路易十四宫廷回忆录》，还有一本则是刚出版不久的暗杀小说。

我最敬佩他的是，卡德门先生11岁的时候，就到英国某处的煤矿工作，并将每月不多的工资全部贴补家用。他在这样艰苦的地方一直工作了10年，终于把弟妹扶养成人。对此，卡德门毫无怨言。卡德门有着不幸的童年，他把人生当中最美好的时光都浪费在煤矿里，他也因此失去了接受高等教育的机会。但令人想不到的是，他竟然是美国读书最多的人。

卡德门的自学精神让我们肃然起敬。当他在煤矿工作时，即使是一两分钟的闲暇时间也不肯轻易放过，他总是会从口袋里掏出一本书来，凑到昏暗的灯光下阅读。虽然他每次最多只能读两小时，但他总是把书带在身边。他曾经说过，可以不吃一顿饭，但不能不带一本书。

当时，他很清楚，只有读书才能让他脱离煤矿生活。他在煤矿中干了10年，在这期间，他总是尽力向别人借书来读，据说有

1000 多册。10 年努力的结果，他总算实现了自己的愿望，他不仅获得了大学学历，而且还获得了伦敦立蒙大学的学位。

他每个星期都会在特定的时间公开讲道，听众累计达到了 500 万人。凡是认识他的人，无不对他的学识和才能表示钦佩。他真是一位伟大的牧师！有一次，他收到了一封从南极拍来的电报。原来，拜德将军在南极探险时，从收音机上听到了他的演讲，将军听了非常感动，同时也很欣赏他，因此特意发电报来向他致谢。

然而，卡德门刚开始在美国讲道时，听众只有 150 人。虽然这些人想凑集 800 美元酬金给他，但竭尽了全力还是无法凑足，于是大家只好都用送粮送菜的办法替代现金。比如有一个农夫曾送过他一堆草，还有人送给他小青豆或苹果等东西。

卡德门出生在英国的一个小城市里。那个地方叫老公园，是著名的产煤区。他年幼时，因为生得浓眉大眼，所以有一位老邻居曾再三警告卡德门的父母，让他们好好管教他，还说这个孩子将来或许会学坏。假如这个老邻居知道卡德门日后会成为一个大名人，一定会后悔当初说的话。

卡德门在一生中最佩服的伟人就是林肯，而且他也深受林肯的影响，对此他也从不否定。此外，他最喜欢的小说家是萨克莱，最崇拜的诗人是伍尔沃兹和泽尔顿。

卡德门对收藏也很感兴趣。无论是珍贵的图书，还是雕刻品，他都乐意搜集。他曾告诉我说，他还藏有一本“很有价值”的《圣经》——因为当初这本《圣经》排印时，竟然将“十诫”中的一条遗漏了“不可”两个字。

辛泰尔在童年时是多么崇拜伟大人物，这也注定他日后会成为一个伟大的人。

评论权威辛泰尔

十几年来，辛泰尔每天都会为《每日纽约》写一篇文章，并同时送给498家报社刊载，每天都有2000多万的读者阅读他的评论。辛泰尔是纽约的评论权威，但是在34岁之前，他对纽约一无所知，因为他从小生活在远离纽约的密苏里河畔。

在纽约这个人才济济的地方，最负盛名的人物非辛泰尔莫属。如果你想给辛泰尔寄信，不必在信封上写明他的姓名和地址，只要在信封上贴一张他的相片，然后投到邮筒里，他就会收到你的信。像这么古怪的信，他每个星期总要收到10多封。有关辛泰尔的奇闻轶事还真不少。例如他天天写《每日纽约》的评论，每个星期可以获得2150美元的报酬，但他一生之中只有3次和付款的人当面说过话。他每年靠写文章得到的报酬就有10万美元，可是他从不雇用打字员，而总是亲自用打字机打出来。

虽然他挣的钱很多，但他却不知道写字间是什么样子，你不相信吗？我想告诉你的是，他不是没有属于自己的写字间，而是他一次都不曾去过，因为他总是独自在家里工作。

他的确有着与众不同的个性。有一年曾有31家电台聘请他，但都被他婉言谢绝了。甚至有一家电台请求他，只要他在写字桌边上装一台播音机，每播音一分钟，他就可以得到 500 美元，可是他还是让他们失望了。

辛泰尔不喜欢播音，也不喜欢出现在银幕上。虽然有几家著名电影公司都曾争先恐后聘请过他，尤其是华纳公司更是用尽了所有办法和他洽商，希望他能够出演某部影片中一个纪念会主席的角色，而他每次都拒绝了。后来，华纳公司又寄给他一封信，并在信中附了一张带有空白支票的合同。并在信中承诺说："只要你愿意出演这个角色，你可以随便写下你所希望的酬劳，并请签好字，然后寄还给我们。"他的确照办了——也就是说，他将合同寄还给他们了，但他没有在合同上签字。

我曾问他为什么不抓住这个绝好的挣钱机会，他的回答是："原因吗？就是我不擅长谈话。"接着他告诉我，他曾去洛杉矶参加一个朋友的宴会，他在席间想说几句话，谁知道一站起来，就因紧张而气喘吁吁的，最后竟一句话也没有说出来。他笑着对我说："如果我真的在电台播音或者在摄影场拍影片的话，说不定会当场晕倒呢。"

辛泰尔出生在密苏里河旁的波雷斯堡。他的父亲在当地开了一家小店，母亲在他 3 岁时就去世了，他是被祖母辛辛苦苦抚养长大的。这个乡下孩子为什么会取得这么辉煌的成就呢？他曾对我说过："在我小的时候，我们村子里来了一个眼科医生，他为我的祖母配了一副眼镜。我非常羡慕他那丝质的帽子和时髦的衣服。我瞪大了双眼看着他，直望得我的眼睛发疼……这是我第一次看见衣服上饰有花边的人。我觉得他伟大极了。"

从这段话里，我们不难明白，辛泰尔在童年时是多么崇拜伟大人物，这也注定他日后会成为一个伟大的人。

后来，他被介绍到雷波雷斯的一家旅馆当夜班书记员。这使他的生活发生了极大的转变，他开始有机会接近许多阔绰的人，听他们畅谈他们身边的趣闻。他非常羡慕他们，因此决意到各地去旅行，以增加自己的见闻。

他有着蓬勃的青春和烈火般的冲动，从不因贫穷和得不到别人的帮助而有丝毫的畏惧。他开始朝着理想的目标努力，先是读遍了所有关于纽约的书籍，接着，他又在一家报馆工作了7年，然后又转到曼哈顿的一家杂志社工作。谁知他到这里才仅仅3个月，这家杂志社却不幸倒闭了。后来，他在《每晚邮报》社找到了一份工作，可又因身体太弱而被辞退了。失业后，他终于可以践行他那伟大的理想——“卖文”度日了。他每天都坚持写一篇纽约见闻，但结果令他十分失望，因为没有一个人愿意替他发出去。

他年轻的时候神经异常衰弱，往往是只写一会儿，就需要休息3小时，但是后来他的身体却渐渐强壮起来了。

另外还有一件很奇怪的事。辛泰尔虽然住在全世界人口最密集的城市中，但他却非常惧怕吵闹，甚至害怕待在人多的地方。他还告诉我，每次他接待陌生的客人时，内心总是十分恐惧。曾有整整一年的时间，他没离过开旅馆一步，朋友们用尽了各种方法，也没能把他骗出来。在他一生之中，也从未踏进过戏院的大门。

这位风靡世界的名人，既不吸烟，也不喝酒。他最爱嚼口香糖，常常用散步代替运动。他常常穿着著名巴黎设计师设计的衣服，有人曾说他完全比得上威尔斯亲王的派头。但是，在写作时，他却总是穿着一身睡衣。他一生的感情历程，只需一句话就可以概括：“他结过婚了。”他最崇拜的电影明星是威尔·罗杰斯；他最爱读的书是《人类的枷锁》；他最喜爱的歌曲则是《印度之歌》。

在我的心中，永远只有自己将要前进的方向和奋斗的目标。

大律师克劳伦斯·丹诺

大约在 70 年前，一位小学的女教员因为一个小学生在椅子上经常乱动而拧了他的耳朵。这个女教员是当着许多学生的面拧他的耳朵的。这个小孩感觉自己受到了莫大的羞辱，在回家的路上，他哭得特别伤心。这个小学生虽然当时年岁不大，但是他对残酷的暴力和不公正已是深恶痛绝，并发誓只要生命还在，就要为此而抗战。

那个小学生后来成为了美国最伟大的刑事律师，他的名字叫克劳伦斯·丹诺。他的名字多次在全美各大报纸上以特大号字体登出过。他是一个仗义的革命者、叛逆者、斗士。他是邪恶力量的天敌，是被压迫者的救星。

到目前为止，被俄亥俄州阿什塔比拉城的老人们所乐于谈论的就是他第一次辩论的案件。这桩激烈的案件，仅仅是为了一套价值 5 美元的旧马鞍。也许有人会问："这是为什么啊？这值得吗？"但是丹诺却坚持认为这涉及原则性问题。不公平伸出来的丑恶的利爪，激发了丹诺要与之抗争的斗志。但是委托人只愿出 5 美元的诉讼费，其他的全由丹诺自己承担。这个案子争辩了整整 7 年，经过了 7 个法庭，最终丹诺胜诉了。

丹诺说他自己永远是一个懒汉，从不曾对金钱和权势有过野心。他原本是乡下的一名教员。有一天，在他平静的生活中发生了一件改变他命运的事。当时城里有一位铁匠，这个人在工作之余，开始自学法律。一天，丹诺在这位铁匠家里，听到他和别人在辩论一个案件。

丹诺被这位铁匠的口才和机智惊呆了。那位铁匠辩论时的风采深深地吸引了他，他也想拥有那样的口才。于是，他向那个铁匠借了一本法律书，自己也学起了法律。每个星期一的早晨，他都把那本书带到学校去，当他的学生在做数学题或学地理时，他便抽空看看那本书。他说过，假如后来没有发生那些事让他发誓成为律师的话，他也许会在乡村当一辈子教师。

他和太太决定在阿什塔比拉城从牙医那里买一所小房子，双方已经讲好总房价为3500美元。丹诺将他仅有的500美元积蓄从银行取出，剩下的3000美元双方商定采用分期付款的方式支付。这宗买卖几乎就算办妥了，但到了最后，牙医的太太却毫无理由地拒绝在合同上签字。更让人气愤的是，她用近乎侮辱的口气嘲笑丹诺说他一辈子也赚不到这笔钱。丹诺非常愤怒。他再也不待在这个城里了，激愤之下，他离开这里去了芝加哥。

来芝加哥的第一年，他只赚了300美元，这点钱连付房租都不够。但第二年他的收入却是第一年的10倍，达到了3000美元——这是他担任该城特别律师所获得的报酬。

丹诺说："当我时来运转的时候，似乎每件事都顺着我的心意。"不久他就当上了芝加哥西北铁路公司的专业律师，他找到了赚钱更轻松的方法。后来，他遇到了一个大罢工运动。在这一事件中到处都充满了仇恨、暴动和流血！

丹诺非常同情罢工的工人。当铁路公司的总经理大金·德布斯来找丹诺商谈起诉的事情时，他愤然辞掉了自己的工作——他不但不替自己的公司辩护，反而帮助罢工者申辩。那次辩护就是大律师丹诺所代理的意义重大的案件之一。实际上，他经手办过的每个案件都可以说翻开了美国法律史上的重要一页。例如，凶恶的杀人犯利奥波德与洛布在杀害小宝宝弗兰克斯之后又投案自首这个案件。

公众对这两个杀人凶手感到异常愤怒。而丹诺居然担任这两个凶手的辩护律师。他的行为激起了公愤，人们都仇视他，指责他为这两个罪人辩护的行为。那么，他为什么要这样做呢？丹诺说："我要倾尽我所有的能力与仇恨和罪恶做斗争。凡是我所代为辩护的人，都没有被判处过死刑的。而且，如果有人被判处死刑的话，我觉得这就像是要杀我一样。我从不敢接近有关死亡的事情。如果遇到要处死犯人的那一天，可能的话，我会跑得离城远远的。我强烈地反对杀人。"他说每个人都有犯罪的可能，而这一切都是由社会造成的。

丹诺深切体会到受审判的日子是多么难熬。他一度被指控贿赂了审判官，并且只能通过自己的口才为自己辩护。他一生最感激的人，就是当他自己受审判时一位以前他曾为之辩护过的人对他说："是你给了我重生的机会，现在你遇到了危难，我要帮助你。我愿意把和你作对的主要见证人全部杀死，而且你不用为此花一分钱。"

在几年前，丹诺出版了一本记录他自己一生事迹的书。我还记得当时读到他讲自己的人生哲学这一章时，我被感动得彻夜难眠。他这样写道：

我不清楚一生之中我真正完成的事情有多少。也许我还做了很多错事，不过让我感到慰藉的是，我也尽可能地从多舛的命运中享受乐趣。我尽力让自己每一天都过得充实；在我的心中，永远只有自己将要前进的方向和奋斗的目标。我从不承认自己已经老了。整个世界都摆在我的面前，我还有无穷无尽的时间可以利用。现在，似乎已经走完了这一生的路程，未走的路途却是那样的没有尽头，只是足迹所踏过的竟是那么的短暂。

第5章　举世闻名的实业大家

钢铁大王安德鲁·卡内基说："抱财而死是一种耻辱。"

在全世界的金融界，最有权势的人要属摩根——美国金融界的领袖，银行业的独裁者，全世界股票、公债的操纵者。

石油大王约翰·戴维森·洛克菲勒为什么这么长寿呢？也许是先天的因素。此外，他镇定自若的性格或许也是他长寿不可缺的秘诀之一。洛克菲勒的财富以每分钟100美元的速度增长着，可这位石油大王最大的心愿就是要活整整一个世纪。

报业泰斗威廉·伦道夫·赫斯特曾多次公开表示他永远不会退休，除非上帝要召见他。

钻石大王吉姆·布雷迪说："做一名博施者是很有趣的——如果你有能力的话。"

“抱财而死是一种耻辱。”这便是卡内基曾经说过的话。

钢铁大王安德鲁·卡内基

钢铁大王卡内基出生时家里非常贫穷，不用说请医生来接生，甚至连接生婆也请不起。他最初替别人做事的时候每小时仅挣两美分，而他后来却赚了4亿美元。一次，我到苏格兰的邓弗姆林镇去旅行时，还特意到卡内基出生的那个村庄去参观过。他家里仅有两间房子，楼下的一间是供他父亲和男工干纺织活用的，而楼上那又黑又小的房间才是他们一家饮食起居的地方。

当卡内基全家到美国生活时，他的父亲为了养家糊口，只好一家挨一家地去推销自己织的布匹，而他的母亲则在一家鞋店刷洗缝补鞋子。卡内基只有一件衬衫，因此，他的母亲必须每晚在他睡下之后，赶忙把它洗净、晾干、熨平，以便明天他能再接着穿。他母亲每天都工作16~18小时。当卡内基还是个小孩子时，他就常对母亲说：“妈妈，等我将来发了财，你就不用再这么辛苦了，我要给你雇许多仆人，还要给你买最好的丝质衣服，并专门为你买一辆车。”卡内基很孝敬自己的母亲，在他22岁时，他发誓自己在母亲的有生之年决不娶妻，他确实也做到了这一点。在母亲在世的这几十年间，他一直都是孤身一人。他到52岁才结婚，他唯一的独生子出生时他已经是62岁高龄了。

他经常对别人说，他的思想是从母亲那里遗传来的，他成功的最大动力源于对母亲深深的敬爱。他母亲死后，他痛苦不堪，以至于在其后 15 年内，如果有人提起他的母亲，他就会伤心地哭个不停。有一次，他还替苏格兰的一位老妇人偿还了一笔典当房子的欠款，原因仅仅是因为这位老妇人长得很像他已故的母亲。

卡内基虽然被称为钢铁大王，然而他对于冶炼钢铁的学问却知之甚少。他手下有成百上千位钢铁专家为他工作。他可以创造巨大财富的唯一原因就是他善于运用人才。他优秀的组织能力和领导才能在他年轻时就显现出来了，优秀的领导才能使得别人也乐意为他工作。

当卡内基住在苏格兰还是一个穷小子的时候，有一天，他捉到一窝刚出生不久的小兔子，但他却没有任何东西喂养它们。他对那些邻居家的小孩子说，如果谁能弄来喂养小兔子的野草，那么他就用谁的名字来称呼这些小兔子，以作为对他的荣誉纪念。这个办法果然非常奏效。后来，卡内基还把这一心理策略运用到了自己企业的经营中。举例来说，他打算将钢轨卖给宾夕法尼亚州铁路公司，当时该公司的经理是汤姆森。于是，卡内基便在匹兹堡城建造了一个大的钢铁厂，并把这个钢铁厂命名为“汤姆森炼钢厂”。自然，汤姆森非常高兴地买下了以自己的名字命名的炼钢厂出产的钢轨。

早年，卡内基在匹兹堡曾送过电报。每天工资只有 0.5 美元，当时这 0.5 美元在他的眼中已经是很大的数目了。由于他是刚到城里，人生地疏，生怕丢了饭碗。为了不在送报时出现差错，他记住了这个商业区的每家店铺的名字和地点。

他希望自己能够成为一名接线员，因此他晚上便自学电报，早晨则提前跑到公司，在机器上练习。一天早晨，公司忽然收到了一份从费城发来的加急电报，但是当时接线员还都没有上班，于是卡内基立刻跑去代为收了下来，并赶紧将其送到了收报人的手中。之后，他就被提升为接线员，薪水也增加了一倍。

一个偶然的机会让他走上了致富的道路。一次，在他坐火车去某地的途中，在他身边有一位发明家，拿出了自己发明的新卧车模型给他看。当时的卧车车厢非常简陋，几乎就是将几个床铺焊接在货车车厢里。而这位发明家的这种新型卧车与现代的普尔曼式国际卧车非常相似。

卡内基以苏格兰人的机智和远见感觉到，这项发明必定会有大好的前途。于是，他借钱购买了那个公司的股票。当时该公司的股票利息非常优厚，当卡内基 25 岁时，他每年从这笔投资中所拿到的分红就高达 5000 美元。

有一次，由于铁路线上的木制桥梁被毁而迫使火车中断行驶。卡内基当时身为该段铁路的监理，他觉得木制桥梁已经无法适应时代的发展了，将来必将被铁桥所代替。于是，他借钱开了一家制造铁桥梁的公司，这个桥梁刚生产不久，就大受欢迎，随之而来的更是数不尽的财富。

15 年前，卡内基每天的收入只有 0.2 美元。当他 27 岁时，他跟朋友合资 4 万美元在宾夕法尼亚西部的油区买了一块地，后来，他们发现这块地竟能产出高达 100 万美元的石油。这时，他每周的收入已经达到了 1000 美元。

1862 年，林肯任美国总统期间，美国正进行着激烈的内战，物价也随之暴涨。西部已经开发到了密西西比河的对岸，铁路也横断了美国大陆，无数的新兴城市正在崛起。美国迎来了一个崭新的时代，这实在是发财致富的最好时机。

然而卡内基绝不是一个只会埋头干活的人。他把大约一半的时间都用在了消遣上。他说，他的周围有许多助手，而这些助手所懂得的东西要比他多得多，所以他只是督促他们为他聚财。他虽然是苏格兰人，但并不像苏格兰人那样爱财如命。他乐于和他的同伴分享财富，在他身边成为富翁的不乏其人。

他一生只上过四年学，但他却写了随笔、游记、传记等八本书。卡内基是个乐善好施的人，他曾捐赠给国家图书馆 6000 万美元，为高等教育捐了 7800 万美元。他不是任何教堂的教徒，但他却向教堂捐赠了 7000 架大风琴。

他特别喜欢彭斯的诗集，并能流利地背诵莎士比亚的《麦克白》《哈姆雷特》《李尔王》《罗密欧与朱丽叶》及《威尼斯商人》等剧本。

他一生花掉的钱有 3. 65 亿美元，这就相当于在一年中，他每天要花掉 100 万美元。后来，全国的各大报纸都举行了有奖策划活动，围绕着“如何妥善、合理地花费卡内基的巨额财产”征求方案。“抱财而死是一种耻辱。”这便是卡内基曾经说过的话。

在全世界的金融界最有权势的人要属摩根——美国金融界的领袖，银行业的独裁者，全世界股票、公债的操纵者。

大银行家皮尔庞特·摩根

世界上最有权有势的人是谁？墨索里尼还是希特勒？有人说是墨索里尼，也有人说是希特勒，最终并无定论，因为每个人都有着各自不同的看法。但是，有一件事却是毋庸置疑的，那就是，在全世界的金融界最有权势的人要属摩根——美国金融界的领袖，银行业的独裁者，全世界股票、公债的操纵者。

但是却很少有人知道他的私事，因为他会刻意回避人群，更讨厌记者的采访，这也使得他更具神秘色彩。

他是个脾气暴躁的人，发起怒来简直是毫无顾忌。事实上，他是一位直言不讳的人，被称为“美国最不善外交辞令的人”。

他高大威猛，体重有200多磅。这种健壮勇猛的体质使得他几乎对一切都毫不畏惧。比如，有一天，一个疯子闯进了摩根的办公室，掏出手枪来准备向他射击。摩根本可以立即到另外的房间避开这个疯子。但是他不但没有这么做，反而毫无畏惧地走向那个疯子。立刻，“砰”的一声枪响，子弹射中了摩根的腹部，顿时，摩根摇摇晃晃地几乎要倒在地上。但他仍然强忍着剧痛，一下子把那个疯子扑倒在地，并夺过了他的手枪。但是他终因出血过多而轰然倒地，他的家人赶忙把他送进医院。子弹射中的地方离他的致命处仅仅相差一英寸，死神与他擦肩而过。

如今，坐落在纽约银街 23 号的那低矮而臃肿的卫城式建筑——世界黄金之王的办公室，再也没有人走进去了。每逢有旅行社到此地观光时，导游都忘不了把这座建筑物被炸弹炸过的痕迹指给游客们看。那是发生在 1916 年的一场恐怖事件留下来的唯一痕迹。那次事故导致 40 人死亡，200 余人受伤，财产损失达 200 万美元。

那次事故发生在一天正午。当时正是下班时间，赶着下班的人们从各个办公室走出来，但是没有任何一个人留意在摩根大楼的对面，停着一辆由一匹瘦弱老马拉着的破旧的马车。

突然，空中闪出一道红绿夹杂的火花，紧接着就是一声巨响，有威力十足的爆炸，那幢高大的建筑被震得摇摇欲坠。原来，是一枚装有上百磅烈性炸药的巨型炸弹爆炸了，炸裂的碎片立时飞满了整个街道。大楼里上百个门窗的玻璃被震碎，像瀑布一样散落在人行道上。被炸断的胳臂、腿，甚至还有人头从二三十尺高的窗子里抛了出来，落到地面上。很多人被炸得缺胳膊少腿，大街上血流遍地，嚎叫声、痛哭声、呼救声混成了一片。消防车、救护车的呜呜声使这一悲惨纷乱的情景变得更加可怕。纷乱的场面得到控制后，先前的那辆马车只剩下半个车轮和两只马蹄铁了。

这是一起针对摩根先生的重大爆炸事件。但是，他当时在欧洲，根本就不在大楼里面。他回来后，发誓不论付出多大的代价也一定要将制造这次恐怖事件的罪魁祸首绳之以法。他悬赏 5 万美元巨款抓捕这次恐怖事件的策划者。纽约警察厅、联邦调查局、国家间谍以及私人密探全体出动调查此事，这是历史上规模最大的一次缉捕行动。此次缉捕行动遍及全球的各个角落。离开美国口岸的船只都要接受检查，加拿大和墨西哥的边境也在进行搜查，纽约、芝加哥以及其他12个大城市的黑社会都受到了严格的检查，以便寻找任何蛛丝马迹。

此次行动所花的费用已达到了可以救赎一位被绑架的国王的赎金，但结果却是一无所获。这件事已经过去20多年，但还是一个未解之谜。

如今，在摩根办公室的楼下有两个密探日夜守护着他的安全；低矮的房顶上，也铺上了厚厚的防弹钢板。在这所普通建筑的密室里，摆放着两排桌子，一前一后排列着。在这些椅子上，总共坐着摩根的18位助手，在他们的最右边坐着这家公司的首领摩根先生。

历史上所有的私人银行里，能在世界各国的政治上产生如此重大影响，也只有摩根这一家了。就是当年佛罗伦萨的富商梅迪西或欧洲的巨富罗思柴尔德家族也不曾这样威风过。罗思柴尔德家族从拿破仑手中拯救了欧洲；但是仅凭借摩根一家的经济力量，就使联军在人类有史以来最为血腥的第一次世界大战中取得了最后的胜利。然而，让人惊讶的是，1915年摩根财团却背上了巨额外债。摩根公司为全体联军在美国做军需代理商，他们买了一批又一批价值10多亿美元的军需品。这样，他们一个月的花费相当于全世界人们一个月所花的钱的总和。

摩根在灯红酒绿的伦敦生活习惯就如同在繁华的纽约一样。他父亲在世时，曾经营摩根公司伦敦分公司多年，当他回到纽约时，便把英国人吃下午茶的习惯带到了美国。直到现在，他在伦敦的格洛维诺广场还有一所房子。他所有的仆人都在那里，以备他随时到来。有时候他一连数月都不会去一次，但是餐桌上仍旧要准备好开饭的陈设，烟囱也照常冒着烟，他床上也要铺干净的床单，随时恭候他的到来。

摩根虽然是美国圣公会的掌权人，但他一直以来却同罗马教皇十一世保持密切联系。当他到罗马的梵蒂冈时，他会和教皇促膝长谈。他们不谈政治，也不谈社会局势，他们总是谈一些有关用中古时代的埃及文写成的书籍的内容。

在摩根的私人图书馆里藏有许多比哥伦布发现美洲还早 500 百多年的欧洲修道院教徒的亲笔手稿。他收藏着莎士比亚亲笔写的剧本。他还有一本稀世珍贵的《圣经》，这本《圣经》价值 20 万美元。全世界的人都知道摩根十分喜欢莎士比亚的戏剧和《圣经》。不过，他对一些悬念迭起的侦探小说也情有独钟。

摩根是一位优秀的艺术鉴赏家，在这方面，他秉承了他父亲的风格。他在名画、雕塑作品、瓷器、珠宝上所花费的钱财过亿。每当他有无价之宝出售时，这个消息一定会刊登在纽约各个报纸的头版头条上。

在每年圣诞节的前夕，摩根的儿女、孙儿们，以及少数的亲朋好友，都会聚在摩根图书馆举行一次奇特的仪式，聆听狄更斯《圣诞欢歌》中的一段故事。不过在这里，用的剧本可不是一本普通的印刷品，而是狄更斯亲笔写这部小说的原稿。

摩根虽然拥有人人都羡慕的财富，但是他的兴趣却简单得很。例如，他喜欢戴着一顶破帽子，身穿一件旧衣服在雨中散步，享受雨点落在脸上的感觉。

摩根的太太得了一种奇怪的睡死病，虽然他有亿万财富，却也救不了他深爱着的太太。自从她于 1925 年去世后，他一直保留着他太太在世时房间的样子，从未改动过。

他的太太是一个特别喜欢花的人，她也是一个会要求其成员亲自动手管理花园的协会的成员之一。摩根——这个世界上最富有的人，经常会穿上整齐的工作服，在那个曾经属于他夫人的花园里锄草，将一根根蔓延的枝条绑好。

他为什么这么长寿呢？也许是先天的因素。此外，他镇定自若的性格或许也是他长寿不可缺的秘诀之一。

洛克菲勒的财富以每分钟100美元的速度增长着，可这位石油大王最大的心愿就是要活整整一个世纪。

石油大王约翰·戴维森·洛克菲勒

石油大王洛克菲勒在一生中做了三件让人惊讶的事情。

第一，他赚的钱几乎是历史上最多的。他最初的工作，是在烈日下给别人的马铃薯地锄草，一小时只赚4美分。而后来，在所有的美国人中，资产超过100万美元的富翁还不到五六位的时候，洛克菲勒所拥有的财富已经超过了10亿美元。

可是，当初洛克菲勒第一次向一个女孩示爱时，却遭到了拒绝。这是为什么呢？因为当时那个女孩的母亲看不起洛克菲勒，断定他将来不会有什么作为。她认为如果自己同意他们的这桩婚姻，就等于葬送了女儿一生的幸福。她当然不愿意这样做，因此，她毫不客气地拒绝了这位未来的亿万富翁。

第二，在当时他是花钱数目最大的人：他的一生总共花了7.5亿美元。这也就是说，自从耶稣降生以来，他每分钟都会花费0.75美元；或者是自从3500年前摩西带领以色列人民渡过红海至今，他每天都要用去600美元。

第三，洛克菲勒很长寿。他是美国民众最嫉恨的一个人；他曾经接到过数千封恐吓说要置他于死地的匿名信；他时刻都被全副武装的贴身侍卫保护着；他为自己经营的事业耗费了巨大的心血。相比之下，为事业而操劳过度的铁路大王哈里曼在 61 岁时就离开了人世；创办“五分一角”联合百货公司的富商伍尔沃斯在 67 岁时就因心力交瘁而死；资产过亿的烟草大王杜克去世时只有 68 岁。但是，石油大王洛克菲勒所赚的钱比他们三人加在一起的还要多。在 100 万白种人当中，只有 3000 人能够活到 97 岁，而且他们之中没有一个人到了 97 岁时还不用戴假牙。但是洛克菲勒的嘴里却没有一颗假牙。

他为什么这么长寿呢？也许是先天的因素。此外，他镇定自若的性格或许也是他长寿不可缺的秘诀之一。当洛菲勒担任美孚石油公司的经理之后，他养成了小睡一会儿的习惯。他在百老汇街 26 号的办公室里放着一把长椅，无论有多重要紧急的事，每天中午他都要睡一会儿。他每天要小睡 5 次。

洛克菲勒 55 岁时突然生了一场非常严重的病。但这对医学史来说却是最难得的一个机会。由于洛克菲勒生病，他拿出了数百万美元的巨款作为医学的研究费用。由于他身体的原因，洛氏财团几乎每年都会拿出 100 万美元作为促进人类健康的基金。

1932 年，中国发生了严重的霍乱，当时我就在中国，于是去了洛氏财团在北京设立的协和医院打防疫针。在那时我才知道，洛克菲勒没有上过大学。他中学毕业之后，曾在一个商业学校学习了几个月。他在 16 岁时就放弃了一切上学的机会。然而后来他却捐赠给芝加哥大学 5000 万美元。

他对教会一直有一种特殊的感情。他年轻时曾在星期学校教过书。他不会跳舞，也不会玩扑克牌。他没有去过剧院，更不曾喝酒或吸烟。在每顿饭前，他都要做祷告，每天必读的书就是《圣经》。

洛克菲勒的财富以每分钟100美元的速度增长着，可这位石油大王最大的心愿就是要活整整一个世纪。他还说，如果到1939年7月8日，也就是他100岁诞辰时他还活在人世，那么他一定要在他的庄园里组织一支乐队，来为自己庆祝生日，并且演奏《麦姬！当你我都还年轻时》这首曲子。

对美国的建筑有重大贡献者，除了爱德华·博克外别无他人。

大出版家爱德华·博克

有一天，一个饥饿的小孩放学回家，在经过一个面包店时，他站在窗外，眼睛直直地盯着里面诱人的热圆饼和鸡蛋糕。

这时，面包师从店里走出来对他说道：“是不是很好看呢？”

这个流浪到美国的荷兰小孩回答道：“如果窗子再干净点的话，就更棒了。”

那个面包师说：“哦，是吗？那么你愿意帮我把窗户擦干净吗？”

这就是博克得到的第一份工作。虽然当时他每个星期只能挣到0.5美元，但对他而言，却是一笔不小的财富。因为当时他的家庭可以说是穷困到了极点，为了生活，他每天不得不提着个筐子到处去捡拉煤车掉下的碎煤渣。

博克刚到美国时对英语一无所知，以至于上课时他都不知道老师讲了些什么。他一生在学校接受教育的时间加起来还不到6年，但是，后来他却成了美国新闻史上最成功的杂志编辑之一。

他承认自己几乎完全不懂妇女的心思，然而他却创办了世界上销量最好的妇女杂志，并且杂志办得非常吸引人。到他退休的那个月，那份杂志卖出去了约200万册，仅仅每一期在封面上一个单页的广告收入就高达100万美元。博克担任《妇女家庭》杂志编辑的时间有30年。他退休以后，将自己一生的经历写成了一本书，名为《爱德华·博克在美国的经历》。

自从替人擦过窗户之后，博克又用近乎疯狂的劲头寻找一份工作。他在星期六的上午出去卖报，星期六下午和星期天他就向那些坐马车旅行的客人们兜售饮料，到了晚上他就为报社写各处举行的生日宴会以及茶会的新闻报告。他每星期能赚到10 ~20美元，这完全是他在课余时间的劳动所得。当时他只有12岁，到美国才6年。

13岁他就辍学了，在西联电报公司找了一份清洁工的工作，但他时刻都没忘记读书。于是他开始了自学的历程：他把车费和饭钱节省下来，直到够买一部《美国名人传记全书》。同时，他还做了一件前所未有的事：他在读完许多名人的传记之后，决定写信给他们，请求他们再给自己多讲一些他们童年的经历。

他曾给不久后当选美国总统的加菲德将军写信，问他小时候是否做过运河的纤夫。他给格兰特将军写信询问某次战争的情况。于是，在格兰特的回信中有一张军事地图，和对他的问题的详细解说，并且他还邀请这个14岁的孩子共进晚餐，和他彻夜长谈。

这个小男孩就是用这种方法在很短的时间内认识了当时的许多名人。不要忘记，他还仅仅是在电报公司工作、每周只有6.25美元工资的小孩！他曾拜访过杰出的诗人爱默生、宗教家布鲁克斯、名作家霍姆斯、诗人朗费罗、林肯夫人、女小说家奥尔科特(《小妇人》的作者)、合曼将军和名演员约瑟芬·杰斐逊。他在这些名人的身上尝到了自信和毅力，这是同他们接触中获得的无价之宝。

一天，在大街上，他看见一个人打开烟盒后，随手扔掉了里面附赠的人物照片。博克时刻都在寻找与名人通信的机会，因此，他捡起那张照片仔细端详了一番。那是一个政治家的照片，但是在照片的背面并没有附上对这个政治家简单的介绍。博克想："如果在这张小纸片上写上这位名人的介绍，它大概就不会被人随便扔掉了。博克已经在脑海中构思好了未来的蓝图。"

第二天吃完中饭后，他就找到了印那张图片的公司。他拜访了那里的负责人并对他谈到了自己的想法。他极其诚恳、热切地向他讲述了这项工作的必要性。如他所愿，在临走之前，他得到了一个合同：为 100 张名人图片写一些简略的传记，他写每个小传可得到 10 美元的报酬。不久他便被委托写更多的名人小传，有时甚至忙得没有休息的时间。于是，他就找来几个帮手，讲好每个传记付给他们 5 美元的报酬，这样一来，每张他都可以净赚 5 美元。后来，他干脆辞掉了在电报公司的工作，开始专心从事印刷事业。

他去费城接手《妇女家庭》杂志的编辑工作时，只有 26 岁，他一直做到了 56 岁。这正是人生的黄金时期。他最后一次关抽屉时说："我不干了。"他用了 30 年的时间成了美国新闻界最具权威的人物。当然，他赚了很多的钱，然而一个人的价值并不能只用金钱来衡量。

让我们来看看博克为普通人都做过什么样的重大贡献。

由于他急切呼唤食物清洁法规出台，以至于现在人们吃的东西更卫生、更便宜了。现在你居住的城市与以往相比的确清洁了很多，这一切都源于他曾拼命攻击当时城市中到处都是那些污秽难看的垃圾堆。

博克曾强烈谴责过维多利亚时代那些丑陋的、不合时宜的建筑，所以你们现在所住的房屋才会更舒适、更美观。当时的房屋过于讲求装饰而显得杂乱无章，而且价格也非常昂贵。博克聘请最好的建筑设计师来设计美观适用而又价廉的住房。他获得了社会上的一致好评，因此，罗斯福总统曾对他说道："对美国的建筑有重大贡献者，除了爱德华·博克外，别无他人。"

他退休后便一直从事绿化环境事业，直到他去世为止。他从自己的祖国荷兰运来许多树苗，种植在街道两旁，既美化了环境，又使人看了赏心悦目。他还提倡在所有铁路车站上种上好看的玫瑰花，以便让过往的乘客都有好心情。对他来说，最著名、最永久的纪念物是位于佛罗里达州的神奇的"鸟鸣塔"。起初寸草不生的地方，如今却变成了绿树成荫、鸟声不绝于耳的天堂。在树林中矗立着一座用粉红色大理石砌成的200英尺高的钟楼，在阳光的照耀下，它的影子倒映在如镜的湖面上，形成一道亮丽的风景线。

《世界报》的伟大理想之一，就是要把穷人当作人看待，而其他报纸把贫民窟里的悲剧看成是令人讨厌、无足轻重的琐事。

报界王者约瑟夫·普利策

约瑟夫·普利策是美国著名的报业家和新闻学者。他于 1847 年 4 月 10 日，出生在匈牙利一个叫马口的小镇。这里靠近罗马尼亚边境，有着一片肥沃的土地。

普利策的父亲是个有教养的犹太谷物商，母亲是有德国血统的美女，是个天主教徒。普利策排行老二，老大已经夭折，老三叫亚伯特；老四是个女孩子，名叫艾玛。兄妹三人从小就由家庭教师负责管教，尤其受过严格的德文、法文等语文训练。

普利策年幼时，家境小康，不愁衣食。可是不久，他父亲因心脏病去世后，他的生活就起了很大变化。母亲再嫁，他和继父布劳相处不好，使他在家里吃了不少苦头，因此他一心想要外出独立。于是，17 岁的普利策就这样离开了布达佩斯。

起先，争抢好胜的普利策把成为军人当作自己的目标，至于这仗为什么要打、打的是谁，他根本不在乎。然而，在奥地利，普利策因为年龄太小，视力不好，身体又单薄，他当兵的要求遭到拒绝。于是，普利策又前往巴黎、伦敦，请求加入外国兵团，但依然是到处碰壁。

1861 年，长达 4 年的美国内战的爆发，给普利策带来了机遇。当时，美国连年战争，国内兵源紧张，联邦政府就开始到欧洲去招兵买马。

那是 1863 年，适逢美国南北战争进行到最尴尬的时刻。战争的规模、伤亡和拖延的时间，都远远超过了林肯总统的预期和民众能够忍耐的程度，联邦一方的北军一向采用的志愿募兵已经行不通，初试抽签征兵，就在纽约引起大暴乱。于是联邦政府转而向欧洲高价招收雇佣兵。一批寻找雇佣兵的二道贩子，被抽成的利益吸引，应运而生。他们立即扑向欧洲，在大街小巷乱窜，猎取任何一个愿意步上遥远的美国战场的对象。

一些在欧洲的征兵代理人，为了争取到联邦政府的补助金，只要能走路的他们都大胆招募。1864 年 8 月，普利策到了德国汉堡。在那里，一个德国佬对他说："小伙子，我可以让你乘船到美国去当兵。"

普利策心想，当时各地都出现大批失业者，想找份工作谈何容易，年轻人只有当兵才能混饱肚子。美国远是远点，可是德国佬把美国士兵待遇吹得天花乱坠，他于是就爽快地答应了。

经过不知道多少日日夜夜的颠簸，普利策终于到了美国。到达波士顿港后，聪明过人的普利策在旅途中就摸清了来龙去脉。在接近美国的时候，他跳入冰冷的海水，游泳到岸上抢在兵贩子之前赶到纽约，领走了那笔可观的雇佣兵费用。

偷渡上岸后，普利策发现美国的农田景色和匈牙利大不相同，地广人稀，但一切都是井井有条，美国农民的生活比起自己家乡来，要好得多了。

普利策花了差不多一星期的时间才抵达纽约。当时，纽约不比欧洲的某些城市大，也不算很漂亮，但到处都是一片欣欣向荣的景象，商业大厦林立，新房子越盖越高，直耸云霄。

普利策还特别喜爱人们那种快速的谈话方式。在这里他可以感觉到生命的跳跃与成长，纽约城就好比他本人一样，既年轻又充满活力。普利策认真地学习英语，由于他脑子灵活，记忆力强，很快就掌握了一些简单的会话。

普利策觉得靠打零工糊口终非长久之计，便找到联军总部，报名当兵。“林肯骑兵队”一名军士接待了他。军士见他英语说得很别扭，突然用德国话问他：“你会骑马吗，孩子？”

此时，普利策心跳得厉害，对于一个在匈牙利农村小镇长大的孩子来说，骑马是他最喜爱也最拿手的。当他问清楚“骑兵”的意思后，便高兴地点了点头。

那军士便领他去见一名军官。军官和蔼可亲地拍拍他的肩膀，“你想为这个国家打仗，一定是刚从船上下来的。你要证明自己也能做地道的美国人，是吗？这太好了，你找对地方了。这里的林肯骑兵队队员全都是来自德国的高尚家庭，他们会像兄弟般的照顾你的。”

9 月 30 日，17 岁的普利策就成了林肯骑兵队里最年轻的一名战士，盼望已久的军人梦就这样圆了。

当 17 岁的普利策成为一名军人时，他所做的是拿破仑“不想当元帅的士兵不是个好士兵”的美梦。

然而，在这场战争中，普利策不仅没有实现自己的将军梦，他还成了一个“出气筒”。原来，军队纪律是严明的。普利策的马骑得相当好，但他的表现不像一名士兵的样子，站也站不直，走也走不好。有次班长训斥他，他竟不停地回嘴，挨了班长重重的两耳光。

普利策古怪的仪表和神经兮兮的表情，常使指挥官看不顺眼。有一次指挥官暴跳如雷地叫着："叫他滚蛋！我们军中没有这种笨蛋。"

这种话深深地刺伤着普利策的心，使他和士兵们的距离越来越远。后来他才明白，在那些身经百战、受尽战争折磨的老兵眼中，自己是个小小萝卜头。老兵们眼睁睁地看着自己的亲戚朋友和战友在战争烽火中丧失了生命，内心的创痛可想而知。

而年轻的普利策根本不懂战争是怎么回事，却经常对战争高谈阔论，目中无人，老兵们和长官怎会不讨厌他！

1865年5月23日，联军在华盛顿举行最后一次游行，林肯总统宣布美国南北战争结束。7月7日，普利策领了最后一次薪饷，离开了军营。

此时，普利策和许多无家可归的士兵一样，决定留在纽约。然而，此时美国的就业形势却不容乐观。南北战争刚结束，战后的纽约，大批退伍军人使本来难寻职业的失业大军更加庞大。如果有一个工作机会，就会有几百人前往应聘。

此时的普利策英文还是不行，又没什么专长，要找个工作谈何容易。他的生活越来越困难，后来外套有了破洞都没钱买件新的。

尽管如此，普利策也尽可能使自己看起来干干净净的。只要口袋里有个角币，他仍然会到法国旅馆附设的一家小店找人为他擦皮鞋。

有一天，擦鞋的对普利策说，请他帮帮忙以后别再来擦皮鞋了。普利策问这是为什么，擦皮鞋的只好说，法国旅馆的阔佬不愿意跟他这个穷孩子坐在一起擦皮鞋。普利策看看身上破旧的衣服，再看看阔佬投来的鄙夷的目光，立刻明白是怎么回事了。

这种尴尬的局面，使普利策决心离开这个城市；而且他发誓，有朝一日他要返回此地，买下这家法国旅馆，然后把它夷为平地，在这里重新盖上一栋举世无双的摩天大楼。

那天，普利策碰巧遇到一位林肯骑兵队的战友。战友劝他到西部去，西部才是真正的美国。于是，普利策决定到密苏里州的圣路易斯去。他深信他的希望到了那里会实现。

普利策在离开纽约时，身上只有几个铜板。为此，他卖掉了身上唯一值钱的东西——一条丝质手帕，以步行和搭乘火车的方式前往圣路易斯。

当普利策见到密西西比河的时候，不但已身无分文，还卖掉了一部分的衣服。他走过的路程，相当于从布达佩斯经过巴黎到伦敦那么远。

10 月 10 日傍晚，普利策到达密西西比河畔，正好碰到一阵雷暴雨。他又冷又饿，眼睁睁地望着对面的万家灯火，却无可奈何。一座桥也没有，又没钱坐轮渡。他浑身颤抖着，不知道如何能捱过这个夜晚。他站在岸边看着渡轮来来去去，船夫叫他走开，他只装没听见。

普利策等又一艘渡轮靠岸后，硬起头皮问船夫："请问你们需要人手吗？我必须去圣路易斯，可是我身上没钱。如果我留在这里，一定会被冻死的……"

船夫仔细地打量着他因寒冷而变成紫色的脸，终于代他向船长求情。船长答应让他上船烧锅炉，借此免费乘船过河。

船终于靠岸了。普利策铲了一夜的煤，四肢无力，全身发痛，下船时差点跌倒。船长给了他一点钱，告诉他到哪儿去找吃住的地方。就这样，普利策找了个最便宜的客栈，倒下去就睡着了。

当天下午，普利策被嘈杂的人声吵醒了。他起床朝窗外一看，只见宽阔的密西西比河上艳阳高照，圣路易斯市是那么生气蓬勃。他来到大街上，买了个面包，边走边吃。

此刻，街上到处都是猎人和生意人，当然还有婀娜多姿的淑女和穷兮兮的工人。新盖的商业大厦、银行、学校处处可见，这些美好的形象，使普利策深信圣路易斯是个可以寻求光明前途的城市。

还有更让普利策高兴的事，那就是普利策第二天就找到工作了。当然，由于他身体瘦弱，没办法干粗活，而且脾气也不好，又有几分傲气，不太愿意干那种让人呼来唤去的事，所以他接二连三地换工作，做过骡夫、水手、建筑工人、码头苦力、餐厅跑堂和马车夫，但没有一样是他真心欢喜的。

1868 年，这是普利策的命运发生重大转折的一年。在这一年，通过努力，普利策当上了律师。

然而，因为没钱设立律师事务所，加上年纪轻轻，又是一口夹生的英语，找他帮助打官司的人望而却步，业务始终不见起色。

一天晚上，图书馆里有两个人在下棋，其中一个正举棋不定，站在身后观看的普利策提醒他说："别走那一步！"两个人都惊讶得张大了嘴巴望着他。

其中一个说："老兄，如果您走那一步，您就输定了。"普利策又站在另一方，拿起棋子走了几步，说："先生，如果您这么对付他，还是会赢的。"

两个人看看普利策，又看看棋盘，似乎让这位陌生的年轻人的棋艺给镇住了。当普利策正想离开时，其中一位叫住了他说："年轻人，我想认识一下你这位棋艺高手，也顺便介绍我的一位好朋友给你，这是艾米尔先生。我叫苏兹。"

普利策一听很感惭愧，自己真是不知天高地厚，还敢得意扬扬地指导两位名人下棋。在圣路易斯，没人不认识艾米尔和苏兹。尤其是苏兹，他是共和党创始人之一，过去曾帮助林肯竞选总统。苏兹原籍是德国人，担任过美国驻西班牙公使，南北战争时曾是少将，现在是密西西比州的参议员。这两个人共同拥有一家圣路易斯《西方邮报》。

当苏兹听普利策说曾在林肯骑兵队服过役，便和艾米尔交换了一下目光。他俩同时想到，这个才满 20 岁的年轻人，已当过骑兵、打杂工人、律师，见多识广，而且下得一手好棋，这是很少有的。

当时，正好《西方邮报》的一名记者不干了，得找个人补缺才行。苏兹和艾米尔不约而同地想到了普利策。他俩问普利策愿不愿意当记者。

普利策说他当然想当，只是从来没有写过文章，怕胜任不了。他俩勉励他边干边学，说他脑瓜子很灵，不久就能胜任的。就这样，普利策干起了记者。

在那个年代的美国，新闻界是另一个厮杀声不断的战场，大量具有普利策性格的人投身其中。他们在激烈竞争中，要找出最具刺激性的轰动新闻。记者们一个个跟侦探一样在刺探和抢夺新闻，大报主编们的水平高低，天天在随着报纸的出版揭晓。

这样一来，新闻界很自然地就集合起一批中流砥柱。普利策就是从一线记者干起的。他当记者，一天工作 16 个小时，是个拖也拖不住的工作狂。

普利策上班的第一天，总编辑就派他去采访一桩盗窃案。当他赶到失窃地点时，已经有许多别的报社同行闻风赶到了。普利策不仅详细地进行了采访，还帮助办案人员分析案情。

结果，案子很快就侦破了，而普利策也写了一篇精彩的报道。就连对他的能力有很大疑问的总编辑，也不得不佩服这个小伙子了。

接着几个星期，普利策写了许多报道。他之所以一口气能写那么多的报道，是因为他下笔快而且不浪费一分一秒。他领受任务后，大街小巷到处奔忙。他既报道市政府面临的困境，也采写码头工人的打架斗殴，甚至别家报纸只字不提的芝麻小事，他也不放过。他认为报纸是给市民看的，就要报道市民身边的趣闻趣事。如果不是苏兹支持他的观点的话，他这些稿子是发不出来的。他的文章一登出，读者争相传阅，顿时洛阳纸贵，《西方邮报》销售量直线上升。

一次，普利策和另外几十个人交了5美元，跟着一个答应介绍他们到路易斯安纳州甘蔗种植园工作的人乘上一艘小轮船，当小轮船把他们抛在离城48公里的地方掉头离去时，他们才知道受骗了。普利策非常气愤，他写下一篇报道揭穿这个骗局。当《西方邮报》发表了他的稿子时，他十分高兴。

不久，报社老板苏兹又把普利策调往杰斐逊城，担任报社驻该城特派记者，专门采访州议会开会的消息。他到首府从事政治采访的第一个月中，就已闯入议会的政治核心。

由于苏兹先生的熏陶和栽培，普利策进入了一个崭新的世界。苏兹认为这小伙子是新闻方面的奇才，有朝一日会和自己并驾齐驱。

果如苏兹所言，普利策的超人才华和政治胆识迅速显露出来。1869年12月14日，普利策出席了在圣路易斯城举行的共和党会议，并被提名为候选人。此时，普利策年仅22岁，离竞选规定的年龄还差3岁，但对他的提名却在“热烈的掌声”中被通过了。

进了议会后，普利策敢仗义执言，尤其对贪官污吏更是大加挞伐，就像在报上发表抨击文章一样。普利策了解到圣路易斯市政当局所收的大笔税款不知去向，就提出一个法案，要求追查。

当时就有一些议员极力反对，甚至公然威胁普利策的人身安全。朋友们也劝普利策别跟这帮有权势的人斗，说他们会要你的命的。但他照样坚持原则，一边在议会里跟他们斗，一边写了一篇篇内幕报道登在《西方邮报》上。

由于社会舆论的压力，当局被迫进行了追查，并将贪污受贿的官员绳之以法。

由于这件事，普利策被州长任命为圣路易斯市的三大警官之一。这一年他才 23 岁。他从身无分文来到圣路易斯，时间不长，就成了该市家喻户晓的风云人物。

《西方邮报》是共和党的报纸，它的两位主办人舒尔茨和普雷托里斯也都是共和党的著名人士。1872 年，变幻莫测的政治风云使舒尔茨和普雷托里斯感到十分沮丧，他们认为他们的报纸已失去了德国籍读者，于是把《西方邮报》最大的控制权卖给了普利策。

《西方邮报》在普利策的主持下重新获得了生气。在普利策还是报社的一名普通记者时，他就是报社的支柱，每天为报社工作 16 个小时。现在，他成了该报的老板，当然更是倾心于一切与报社有关的事情。

这时，还在报社中拥有一小部分股权的舒尔茨认识到这样下去，普利策不久就会控制报社的一切权力。所以，1872 年末至 1873 年初，舒尔茨和普雷托里斯又花了 3 万美元买回了《西方邮报》的多数股份。正要下决心对《西方邮报》进行大力改革的普利策心灰意冷，打起行李到欧洲旅行去了。

普利策去欧洲转了一圈，如今的普利策已是个小有资产的人物了。他抽空回了一趟故乡。回到布达佩斯后，他这个衣锦荣归的游子扑向了母亲的怀抱。母子紧紧拥抱着，热泪滚滚而下。9年时间，一个流浪的穷孩子变成了报社的阔老板、一个政府要员，普利策的继父怎么也不能相信。

不久，普利策后又回到了圣路易斯。他始终在寻找新的机会，然而，在此后的5年内他竟然没有找到固定的职业，而且他自己也不知道应该干些什么。

在此期间，普利策曾经因为他的精明而发了一笔财。那是1874年初，他在拍卖场中花几千美元买下了《密苏里国家报》。他只经营了一天，就把其经销权卖给了《环球日报》，有人估计价格是27000美元左右，有人估计为4万美元左右。总之，从这笔买卖中，普利策是大赚了一笔钱。另外，普利策还把《密苏里国家报》的印刷设备卖给了几个德国移民，也从中获利不少。

有一天普利策突然告诉朋友说，他要去首都华盛顿，担任《纽约太阳报》的特派员。他有充分的理由要去华盛顿。当他回欧洲探亲回来时，曾在那里小住几日，并且遇到了一个令他动心的女孩。那女孩名叫凯蒂。

普利策到了华盛顿后，渐渐和凯蒂热恋起来。但凯蒂的父母却难以接受普利策，在他们心目中，新闻工作是不值得干一辈子的。普利策下定决心，拼命地工作，希望能够在新闻事业上闯点名堂出来。他深信这个行业同样可以出人头地。

1878年6月19日，普利策和凯蒂终于喜结连理。婚后这对年轻夫妇就前往欧洲度蜜月。夫妻俩的生活一直很美满。他们在欧洲游历了10个月后，又回到了圣路易斯。

1878 年，普利策得知了《圣路易斯快报》因连年亏损即将进行拍卖的消息，他派了一个叫西蒙·阿诺德的人代他投标，最后以 25000 美元买下了《圣路易斯快报》。

就这样，31 岁的普利策终于拥有了自己的报纸。虽然当时这份报纸发行不到 2000 份，但它却持有美联社的特许证。普利策知道，在当地他还有两个竞争对手：《西方邮报》和《明星报》。

《西方邮报》的发行人约翰·A. 狄龙是一个大宗不动产的继承人，但因为他把报纸办得过于呆板，发行量也只有 2000 份左右。于是，约翰·A. 狄龙主动找到普利策，提出在平等的基础上进行合作，这也正是普利策所需要的。从此，两家报纸合并为《西方快邮报》，报社迁移到了缅因大街 321 号破旧的《西方邮报》办公楼。

普利策接管报纸后，首先考虑的是扩大报纸发行量。而一家报纸要扩大发行量，首先必须具有独到之处。普利策宣布："《快邮报》要为人民大众服务，而不为任何政党谋利。不论在任何地方、任何情况下，都要反对形形色色的弄虚作假。要坚持原则，拿出主意，摒弃世俗偏见和党派偏见。"

很快，普利策向《共和主义者报》提出了挑战。《共和主义者报》得到当时控制密苏里州的保守集团的资助，并成为其喉舌，当时发行量近 2 万份，规模居全市各报之首。

当时，《共和主义者报》支持圣路易斯的保守分子塞缪尔·格洛弗出任国会参议员，《快邮报》则坚定地支持乔治·G. 维斯特。普利策对《共和主义者报》进行猛烈抨击。

不久，维斯特取得了竞选的胜利。普利策在与《共和主义者报》的第一个回合较量中取得了胜利。一个月以后，在有关该市煤气垄断权的论战中，《西方快邮报》又一次击败了

《共和主义者报》。

《快邮报》面向广大市民，每日刊登一些和市民息息相关的报道，以及市民喜闻乐见的文章和图画，受到市民喜爱，发行量直线上升。

揭露社会弊病这一新闻手法是众所周知的，但谁也没有像普利策那样运用得如此坚定、巧妙和有效。揭露社会弊病成为他毕生的办报宗旨，其目的是扩大发行量和推动改革。普利策在揭露社会弊病方面大有用武之地，他在这方面的知识和才能是其他编辑无法与之匹敌的。批评的眼光、永不满足的精神和追求美好的愿望是他的天性。普利策具有如此强烈的特点，他情不自禁地把它运用于办报事业。

普利策批评他接触过的一切事物。揭露社会弊病是普利策的个性在报纸上的反映。当时，普利策就喜欢刊登一些发人深省及引起议论的文章，像一篇与税收有关的文章就是个例子。它刊登了有钱人和大商人所缴的税额，以及工人和小生意人缴税的资料。

通过这篇文章，读者可以清楚地看出，有钱人付的税很少，穷人反而缴得比他们多。这篇文章一见报，不到几小时，报纸就被抢购一空。

在报纸上毫不留情地揭露社会弊病，使普利策树敌不少，也使他赢得了大量的读者。《快邮报》曾经有一名记者根据一份关于娼妓活动的年度报告写了一则特大新闻，在报纸上公布了一批妓院房主的姓名和地址。这激怒了这批在地方上小有势力的人，他们纷纷恶毒攻击新闻界。

有一次，普利策在报上开展了 3 个星期的反偷税漏税运动，结果得罪了商业界的一些人。这些人纷纷从《快邮报》撤回了广告。这是一个暂时的损失，该报并没有停止揭露社会弊病。这下子普利策的损失不小，但是他向恶势力挑战的决心并未动摇。

普利策一生中最痛恨的就是政治的腐败。他曾在《快邮报》上撰稿说："什么是我们政治生活最大的破坏者？当然是腐败。为什么会造成腐败呢？自然是贪财。谁又是贪财最大的唆使者？……金钱是今日世界最大的诱惑力。有人为它出卖了灵魂，有人为它出卖了肉体，更有人把钱看成万能……"

普利策作为发行人兼主编，事务相当繁忙。事业一天天扩大，非得有个得力助手不可了。他几乎跑遍了全国，终于找到了一位名叫柯克里的人。这个人性格同他相近，很有魄力。普利策于是任命他为主编。这样，普利策可以集中精力当报社的老板。

1881 年，《快邮报》销路大增，普利策赚了一大笔钱。他拿出一部分利润让员工分享。主编除了高薪，年终还参加分红。特别勤劳的报童，可以得到金表或银表。每年圣诞节，全体员工都能享受到全鸡大餐。

这时候，普利策已是三个孩子的父亲了。虽然婚姻、事业都很顺利，可是此时普利策的身体已大不如前。1882 年秋天，正当他和家人准备去加利福尼亚度假的时候，报社出了一桩轰动全市的大事，一个名叫史列贝克的律师被登在报上的一篇对他不利的文章所激怒，就带着枪到报社来滋事，柯克里为了自卫，开枪将他击毙了。

这件案子几乎毁掉了普利策和他的报纸。来自四面八方的敌人聚集在报社大门前，提出要将普利策处以极刑。疯狂的群众甚至把点燃了的火把扔进窗内。

普利策认为，不管如何，杀人绝对是坏事，谁干的都一样。西部天天在变，正在由野蛮走向文明，应该靠法制来解决问题。他给这件事弄得焦头烂额。他先让柯克里取保在狱外候审。他自己也率全家到纽约去了。

1883年4月，普利策全家来到纽约。这时的纽约已和他刚从骑兵退伍时大不一样了，已成了一个相当繁华的大都会。

为了能在纽约立足，普利策认为还是办报好。普利策此行意在收购《纽约世界报》，而他对外则宣称是准备去欧洲度假。

《纽约世界报》于1860年创刊，刚开始是一份宗教报纸，后来落到以宾夕法尼亚铁路主席为首的一帮人手里。自1879年开始，它又为古尔德所有，成为他实现自己计谋的工具。

在这种情况下，公众逐渐对《纽约世界报》丧失兴趣，该报陷入连年亏损的困境。于是，古尔德急于要把它卖出去。但当他听说买主是普利策时，马上提高了价格。因为他深知一旦普利策接管《纽约世界报》，普利策会把它从他的“喉舌”变成他永远的敌人。

于是，古尔德开价50万美元，这对于一份发行量仅15000份的报纸来说简直太高了。但普利策非常希望在纽约拥有一份自己的报纸。

经过激烈的谈判，1883年4月28日，普利策与古尔德签订合同，以346000美元买下了《纽约世界报》。但他也为此负债累累。

普利策买下报纸后做的第一件事就是改组报社。前任报社主编赫尔伯特把《纽约世界报》办成了高雅的典范，但缺少新闻的真实性和趣味性。

于是，普利策首先迫使赫尔伯特辞职。然后他对由总编辑E. C. 汉考克等组成的原编辑委员会进行猛烈抨击。

5月1日，普利策在报纸上发表了一篇“改革宣言”——

《纽约世界报》的全部财产已由本人购买了。从今天起将置于一种与过去完全不同的管理之下：雇员、措施和方法不同；宗旨、方针和政策不同；目标和利益不同；同情和信念不同；思想和灵魂不同。

5 月 11 日，第一张新《纽约世界报》印出来了，立刻引起了一阵骚动。许多报社的编辑看了都大摇其头，认为这种报纸在纽约是行不通的。

但是它每星期都发表由普利策亲手写的社论。社论说出了劳动者的心声，对纽约的富人显贵发出猛烈的抨击。《纽约世界报》用最浅显易懂的语言，说出了深刻的道理，很快就赢得了读者。

于是，在普利策的指挥下，《纽约世界报》的头版上登出了跳呼啦圈的舞女，出现了《爱上了她的钱》《花花公子喝酒》《为了兄弟去坐牢》之类的新闻标题。这些新闻以其通俗、生动的特点迅速吸引了读者。

与此同时，普利策强烈的社会责任感使他仍然没忘记对大都市的丑恶、堕落的抨击。他还在《纽约世界报》上提出了国家为解决社会公正应该采取的几条措施：（1）对奢侈品征税；（2）对遗产征收继承税；（3）对高收入征收所得税；（4）对垄断公司征税；（5）对享有特权的公司征税；（6）征收入税；（7）改革行政机构；（8）严惩贪官污吏；（9）严惩倒卖选票者；（10）严惩在选举中左右雇员选票的雇主。

后来，除了第（6）条之外，其他几条措施都被写进了美国的法律。由此可见普利策新闻宣传的影响力，以及他为推动美国社会进步所作出的贡献。

普利策果断的改革措施和“煽情主义”的办报方针，使《纽约世界报》在短时期内获得了巨大的成功。普利策接手 3 个月后，该报发行量就由原来的 15000 份上升为 39000 份。

1884年，美国举行4年一次的总统大选，普利策在他的报纸上发表支持民主党领袖克利夫兰的言论。《纽约世界报》列出四个支持他的理由：1. 他是个老实人；2. 他是个老实人；3. 他是个老实人；4. 他是个老实人。

最后，克利夫兰当选为新的一届美国总统。大选结束，《纽约太阳报》的发行量由158000份下降到78000份；《纽约世界报》则超过了《纽约太阳报》《纽约论坛报》和《纽约时报》，接近纽约发行量最大的《先驱报》。这时距普利策接管该报仅18个月。

《纽约世界报》的成功不是靠运气，也不是靠激烈的政治攻势，而应归功于普利策对于社会状况的精确估计，归功于他善于运用具有竞争力的新闻技巧，以及他利用这种技巧所制定的政策。他始终努力把三性——趣味性、刺激性、教育性——灌输到他的报纸里，因而赢得了大量读者。

《纽约世界报》的伟大理想之一，就是要把穷人当作人看待，而其他报纸把贫民窟里的悲剧看成是令人讨厌、无足轻重的琐事。所以，《纽约世界报》走入先前各家报纸从未关注过的各个角落。

后来在短短的几年内，《纽约世界报》成了全美国新闻界的泰斗，它所带来的震撼，使人不得不对它另眼相看。

普利策的突然闯入，打破了纽约报界维持多年的平衡。《纽约时报》《纽约先驱报》《纽约论坛报》等大报纷纷降价销售，企图挤垮《纽约世界报》。但这丝毫无损于《纽约世界报》，因为该报并不在读者群上与它们竞争，它吸引的是另一个阶层的读者。

普利策热心于政治，1885年，他在国会代表选举中，以高票当选为纽约市的众议员。可是，妻子凯蒂并不快乐，丈夫越忙，在家陪她和孩子的时间就越少。

一天凯蒂跟普利策开玩笑说："约瑟夫，你整日不归家，是在外面有别的女人了吧？”

普利策却点了点头说：“是呀，比你漂亮多了，我也非常喜爱她……”

原来，普利策说的是“自由女神”。他在国会就听说了法国人募集了一笔巨款，要塑造一座自由女神像，准备献给美国人民当礼物。这座女神像已塑造好了，正等着装运到美国来。

有关人士建议将她安置在罗得岛地势较高的地方，以便让每一个进入纽约港口的人都能看得到，可是国会却迟迟不通过拨款预算。

听到这个消息后，普利策决定为“自由女神”筹集 10 万美元，使法国人的礼物可以早日运抵纽约。他于是通过《纽约世界报》，呼吁大家捐款。

《纽约世界报》的大声疾呼立刻有了反应。最后《纽约世界报》共募集了 101091 美元，为拯救“自由女神”做出了贡献。1886 年 10 月，当自由女神像在纽约港口矗立时，普利策与各地名流显要，站立于主持仪式的行列中。

1887 年，普利策为纽约市的一次选举奔忙着，他日夜不停地演说，写文章，策划选举事宜。他的身体状况越来越差。有天晚上，主编柯克里走进普利策的办公室，看见他直直地望着自己，两行泪水挂在脸上。

原来，普利策什么也看不见了，他的双眼已经瞎了。为了调养身体，普利策和凯蒂开始了一次长期、悠闲的环球旅游，经过了印度、中国及日本。

回到美国之后，普利策便筹划盖一座《纽约世界报》新的大厦。他买下的那块地皮，就是当年退伍时身穿旧军服被有钱人看不顺眼、连擦皮鞋的都撵他走开的那座法国旅馆所在地。

1890年12月10日，纽约最高的一座大楼新普利策大厦完工了。这是座20层楼的建筑物，地下室用来做印刷厂，一楼为营业部，二楼至十楼为出租的高档写字楼，十楼以上为《纽约世界报》枢纽中心；镀金的圆形顶楼是普利策的办公室；第十一楼是漂亮的卧室套房，专供加班不能回家的编辑使用。

建这座大厦，普利策没有分文债务，这座价值200万美元的大厦完全属于他个人所有。

普利策知人善任，他手下有一批像柯克里这样的精兵强将帮他主持业务。他虽双目失明了，但耳朵能听见，他每天都要听下属汇报工作，然后作出指示。

没事时，普利策就让秘书读书、读报给他听。有时由他口授，让秘书代写重要社论。他还造了一艘豪华游轮，乘坐它到处旅游。

1911年10月29日，普利策在他的游船上与世长辞，享年64岁。

为了培养新一代的新闻人才，普利策在遗嘱中，将200万美元捐赠给哥伦比亚大学，用以建立一所新闻学院。其中50万美元用于设立今天闻名世界的普利策新闻奖。

1917年，普利策新闻奖第一次颁发。普利策的遗嘱中规定普利策奖包括4项新闻奖、4项文学艺术奖、1项教育奖和4项学术奖。但普利策奖的影响越来越大，目前，普利策奖中包括14项新闻奖和7项文学艺术奖。

几十年来，普利策奖象征了美国最负责任的写作和最优美的文字。特别是新闻奖，更是美国新闻界的最高荣誉。每一个希望有所作为的美国记者无不以获得普利策新闻奖作为奋斗的目标。

他曾多次公开表示，他永远不会退休，除非上帝要召见他。

报业泰斗威廉·伦道夫·赫斯特

你是否想过，假如你拥有100万美元时，你将如何使用它呢？赫斯特每个月就有100万美元进账，相当于他每天的收入高达30000美元。在你阅读这篇文章短暂的几分钟里，他至少也要收入相当于100美元的精神食粮！

没有人称呼他的全名或只叫他威廉，甚至他最亲近的朋友也只叫他“W. R”，而他手下的7万名员工则亲切地叫他“头儿”。

他经营的种类多达24种，仅出版的杂志就有9种，拥有读者几百万人。他是世界上最富有影响力的出版家，他拥有的财富多得惊人。他的名字在美国可谓是尽人皆知，然而他却是一位很低调的人。对一般人来说，对印度伟人甘地的私人生活的了解比对赫斯特的了解还要多很多。

不知你是否也和我一样倍感惊讶，这位出版大王竟然还是一位害羞且内向的人。半个世纪以来，他不断应邀在各种公共场合发表自己的观点，但事实上，他非常不愿意见陌生人。平时，他总会邀请10~60位客人住在他在加利福尼亚的豪宅里。然而他认为最有意思的是悄悄地离开他们，独自去玩牌。当他到了纽约之后，他最喜欢做的事就是逛街。

赫斯特最大的产业是位于美国西部加州的牧场。这个牧场足足有25万英亩那么大，从海岸线开始一直延伸到内陆50英里的地方全部是他的。

在高出太平洋海面2000英尺的山顶上，他投巨资建造了一座壮观的摩尔式城堡，并取名为“迷人的山峦”。他花费数百万美元巨资对这座城堡加以装饰：城堡的墙上挂的是当年挂在法国城堡里的壁毯；幽静的大厅里挂着欧洲名画家伦伯朗、鲁木斯以及拉斐尔等人的珍贵作品；在餐厅的周围，也摆放着珍贵的艺术品。但是，在吃的方面他却从不讲究，就是用的纸餐巾也是很普通的。

赫斯特非常喜欢动物，他养了许多野兽，据说比当年的马戏大王巴纳娜姆养的还要多：成群的斑马、猴子、豹子、袋鼠在山上疯狂乱跑；数千只奇形怪状的鸟儿在森林中乱飞；怒吼的雄狮和老虎在他的私人动物园里显得非常活跃。

经常为赫斯特购买古董的人是一位叫梅森的先生。赫斯特时常购买一整船的艺术珍品，有时甚至会把一座城堡整个买下来，然后再把它们装箱运回美国。他把每一块石头、砖瓦、木材都编上号，并在上面注明它们各自的来处，然后再依照原来的样子把它们重建起来。他买了太多的艺术品，有布谷鸟报时钟、埃及出土的木乃伊等。他还为这些艺术品特意在纽约买了个大仓库，光雇用工人的费用每年就要用去6万美元。

赫斯特的父亲年轻时曾是一位家夫。在1849年兴起淘金热时，他跟着一队牛车跋涉了2000多英里，一路抵抗着印第安土著人的攻击，终于到了西方发现了金矿，成为一名百万富翁。晚年时，他总喜欢在自家院子里的一棵大树下休息。后来，赫斯特发现这棵大树恰好挡住了他从窗户眺望大海的视线。但是，他并没有砍掉那棵树，而是花了4万美元，请植树专家把那棵大树移了30英尺。他之所以这样做，是因为他不想使钟爱于那棵树的老父亲伤心。

赫斯特很爱护小动物。一次，好莱坞电影公司的制片人特意坐飞机来与赫斯特商谈一件重要的事情，他却因为要照顾一条掉了半截尾巴的蜥蜴而让他们等候了很久。还有一次，他为了救治一只断了腿的袋鼠，花费了 500 美元的医药费，而且还是在深夜让人乘自己的汽艇把医生接来的。

70 多岁的赫斯特不仅可以打网球，而且还能做剧烈的运动。他已经打了 40 年的网球，但是为了提高自己的水平，他仍在不断地学习。他是一位优秀的业余摄影师，每年他都会拍摄几千张照片。他还喜欢打猎。有一次，他和朋友坐汽艇在海中游玩时，他一手持枪，只见他的手随便一抬，一声枪响之后，一只海鸥便被击落了，而且是准确击中了海鸥的翅膀。

他喜欢给别人讲故事，也喜欢跳踢踏舞，还擅长模仿别人的动作。他的脑袋简直就是一本百科全书。如果你问他英国亨利八世的许多后妃的芳名或美国历任总统的名字，他的对答如流一定会让你大吃一惊的。

有一次，吉姆·沃克和著名喜剧演员查理·卓别林到赫斯特的牧场上去拜访他，他们为《圣经》中一段内容的准确措辞而争论不休，结果赫斯特把这一段话逐字逐句都背了下来，从而结束了这场争论。

他喜欢和有朝气的年轻人在一起，他最讨厌别人在他面前提到“死”字，以至于没有人敢在他面前提这个字。

赫斯特继承了他父亲留给他的 3000 万美元的遗产，这足够他轻松快乐地生活一辈子。但是他 50 年来，每天都要工作 8 到 15 小时，从不间断。他曾多次公开表示，他永远不会退休，除非上帝要召见他。

"100 万人的墓碑将成为他的纪念碑——他们死去时的呻吟就是他的墓志铭。"——这便是他的传记的开头。

军火巨商巴兹尔·沙哈罗夫

全世界最富有、最神秘并且最受人们指责的人是谁，你知道吗？他的名字叫作巴兹尔·沙哈罗夫。20 年前，政府曾悬赏 10 万美元去刺杀他。描写他一生的书籍不计其数。国际间的相互猜忌和国家之间的矛盾造就了他奇特的一生。

在沙哈罗夫出生时，家里非常穷，但是他后来却靠贩卖机关枪、大炮和炸药积攒了一笔富可敌国的财富。

"100 万人的墓碑将成为他的纪念碑——他们死去时的呻吟就是他的墓志铭。"——这便是他的传记的开头。

他 28 岁时找到了一份售卖军火的工作，加上提成他每个星期至少能赚到 25 美元。当时他住在希腊。他知道，卖军火的唯一法门就是要创造出人们对它的需要。于是，他到处散播他们被凶残的敌人包围的消息，这样一来就激起了人民的恐惧，使他们不得不购买武器来保卫自己的祖国。

这件事已经过去 50 多年了。战争近在眼前，恐惧席卷了整个希腊，此时的希腊人民对战争持有高度的热情。一时间，军乐高奏，国旗飞扬，演说家慷慨激昂地对人民发表演说；希腊当局立即着手扩军备战，并从沙哈罗夫那里购买了大批的军火，希腊历史上的第一艘潜艇便是在这个时候购买的。

从这笔军火生意中，沙哈罗夫获得的提成高达数百万美元之多。然后，他又跑到土耳其人面前说："看看希腊人都在做什么事情吧。他们正准备把你们从地球上驱逐出去啊！"于是，土耳其也购买了两艘潜艇。沙哈罗夫就在两国不断增强的军事力量中净赚了 3 亿美元，但是这些钱却沾满了无辜人的鲜血。

沙哈罗夫用了半个多世纪的时间致力于蛊惑、煽动国际间的恐惧气氛，刺激各国军队挑起战争。当日俄交战时，他同时向这两个国家贩卖军火。在西班牙战争爆发之际，他卖给西班牙的枪炮让许多美国士兵丧命。第一次世界大战爆发后，他的财富急剧增长，因为他同时持有德、英、法、俄、意等几国军工厂的股票。50 多年来，他就像一只狡猾的狐狸，悄悄地出入欧洲各国的军事机关，而且行动绝对保密。

据说他雇用了两个相貌酷似他的人，这两个人唯一的任务便是以沙哈罗夫的身份出现在公众场合，这样可以让各家报纸报道他在柏林或是在法国蒙特卡罗（赌城）的消息，实际上他却在另外一个城市进行秘密工作。他不愿意照相，也从不接受记者的访问。对在他头上堆积的各种非难与指责，他全都满不在乎。他从来不为自己辩护，从来不解释自己的任何行动，他既不反驳，也不回答。

英俊的沙哈罗夫爱上了一个比他小 9 岁的女孩。他是在从雅典至巴黎的旅行途中，在车上和她相遇，并当时就想和她结婚；但不幸的是她已经嫁给了一个比她年龄大很多，并且精神失常的西班牙公爵。因为女孩宗教信仰的关系，所以她不可能离婚。但是沙哈罗夫并没有放弃她，而是非常有耐心地等了她 40 多年。到了 1923 年，她的丈夫死在了疯人院里；1924 年，已是 65 岁的她和 74 岁的沙哈罗夫终于结婚了。他们结婚两年后她就去世了。她做了他 40 年的情人，却只做了他 18 个月的妻子。

沙哈罗夫出生在土耳其一个简陋得连窗户都没有的茅屋里，但是在他去世前却一直住在巴黎附近一所建筑辉煌的别墅里。童年时，他睡在污秽的地上，两只脚上捆着破布保暖。他经常挨饿。他一生只在学校待过5年，但他后来却能说14种语言。牛津大学还曾授予他“民法博士”的荣誉头衔。他第一次出现在伦敦时，就曾因盗窃罪而被关进过监狱。但是在30年后，他却被英皇授予了“武士”的光荣头衔。

1909年的夏季，这位欧洲的神秘人物在巴黎一家动物园里散步，他看见园中的猴子大都有疥癣并且一副病恹恹的样子，就连这家动物园中最吸引人、平时威风凛凛的狮子也在遭受风湿的折磨。对此，他深感震惊。动物园到处都是一幅衰败、凄凉的景象。于是，沙哈罗夫找到动物园的经理并强烈谴责了他一番。

那位经理不知道指责他的正是世界上最富有的人，于是，他毫不客气地回答说，他也不想看到动物园成现在的模样，但是他缺少维持动物所需的50万法郎。沙哈罗夫听后说：“这样就可以了吗？那好，我给你这些钱。”于是，那个经理得到了一张沙哈罗夫亲笔签名的10万美元支票。那位经理因为辨认不出支票上的签名，还以为这位陌生人是在戏弄他，就把这张支票随便地和别的废纸扔到了一边，甚至最后把它给忘了。直到几个月后，他偶然把那张支票拿给一个朋友看，令他大为吃惊的是这张支票竟然是真的，而且上面还有当时法国最富有的人的签名。

沙哈罗夫在晚年时成了一个孤独多病的人，常年坐在轮椅上，由他的仆人推着。这时，他一生的幸福时光就是在那长满了玫瑰花的花园里度过的。他在85岁时与世长辞。他一生的大部分时间都在写日记，并且还写了53本书。据说他要求在他死后要将所有关于他的这些秘密记录全部销毁。

“做一名博施者是很有趣的——如果你有能力的话。”

钻石大王吉姆·布雷迪

这位钻石大王布雷迪，这位百老汇最富有的人，在第一次世界大战期间与世长辞。他的离世使纽约上流社会失去了一个罕见的怪人。他生前宴请宾客的盛宴不亚于古罗马君王的奢华。有时他会同时在纽约城开设五处盛宴。这种盛宴的时间往往能够持续 17 小时之久，耗资在 10 万美元以上。他还喜欢在宴会上送一些小巧的礼物给大家，每件礼物都值上千美元，让大家留作纪念。

布雷迪出生在一个小酒楼上的一间破屋里，那时他的父亲正在纽约河边经营这家小酒楼。布雷迪小时候，在认字之前就学会了开酒瓶的软木塞。但是他本人却极不喜欢喝酒，连一滴酒都不曾沾过。在他独霸百老汇的时期，他每天在美酒上花费上千美元。他在宴会上开过的香槟和美酒比莱茵河的河水都要多，但是他却把这些全部赠给了自己的朋友。最后当他的朋友们在宴会上喝得不省人事时，他却在一旁喝弱性啤酒解渴。他非常爱吃，而且食量也大得惊人。他每顿晚餐都要 15 道菜，有的菜还常常要上两三份。随后，他还要再吃上 1 磅巧克力糖，还得带着 1 盒薄荷糖去剧院。他每月买糖果就要花费两三千美元他憎恶茶和咖啡，但是却嗜饮橘子汁。在他还未把餐巾塞到肥胖的下巴之前，他就已经喝下了1加仑橘子汁，随后在吃菜时他又会喝下1加仑橘子汁。有一次，他一顿饭就吃了6只鸡。这有些让人感到奇怪。在他年老时，有一次医生给他开刀治病时，发现他的胃确实要比一般人大五六倍。难怪，他的体重最高达到过250磅。

钻石大王布雷迪是如何成为富翁的呢？他是这个竞争异常激烈的国家历史上最杰出的推销员。此外，他的运气也的确很好。在美国的铁路还在使用木质车辆的时候，他就开始推销钢质车辆了。美国一直在扩张交通，铁路已经贯通了美国东西部，甚至从加拿大到南部海湾到处都在修建铁路。

在当时，由于钢车还处于试验阶段，所以销售起来很是困难。这样公司与他签订的推销合同异常优厚，每卖出去一辆车，他就能够得到30%的提成。不久，全国的铁道全改用钢车了，他们全都得极力讨好布雷迪才能买到钢车。因为当时他是唯一一位卖钢车的人，没有竞争对手。他仅从卖钢车这一项生意中就赚了1200万美元。他是幸运的，假如他再晚50年出生的话，恐怕他卖钢车赚到的钱连温饱都解决不了。

他是全美最有名气的人，他的知名度绝不亚于有“马戏大王”之称的巴纳姆。他把自己的身体全部用钻石装饰起来。他每天换一套珠宝，这些珠宝在一个月中不会重复。他时常会在一天中换六次珠宝。他通常都穿着佩有2548颗耀眼钻和90颗红宝石的衣服。他衬衫的扣针都是用宝石磨成脚踏车或车的形状，就连他的袖口链也是全用宝石刻成火车头或货车的样子。

他想尽了一切古怪的方法去花他的钱。他在新泽西州一块田地上养了一些奶牛，每逢庆祝节日时，挤的牛奶都盛放在镶金的奶桶里。他的台球桌上嵌着玛瑙和琉璃。他的扑克牌筹码是用玛瑙和珍珠制成的。他曾花费33万美元巨款聘请一位设计师为他的房子装潢。每年他都更换新家具，把用过的家具送给朋友们。

他赠给当时最红的女星莉莲·拉塞尔一辆镶着赤金和数百颗钻石以及红绿青色宝石的脚踏车。当她骑着那辆车前往纽约五号街时，竟使围观的人群堵塞了整个街道！

布雷迪有 5000 条手帕和 200 套衣服。如果他在公共场合出现，就一定会穿阿尔伯特王子的服装和戴丝质的礼帽。他每次到公共场所都穿礼服、戴丝质礼帽，即便是坐着铁道手摇车（一种老式的交通工具）到乡下去（那里除了野狗之外，没有人能看到他），他仍要穿戴讲究，手里握着他那嵌着钻石的手杖。

钻石大王布雷迪毫不吝啬，凡是向他寻求帮助的人，他都会慷慨地借钱给他们。他当然知道他们不会再还钱给他，但他却毫不介意。他说："做一名博施者是很有趣的——如果你有能力的话。"

当他知道自己即将离开人世时，他的手中还保存着别人向他借钱时打的欠条，这些欠条加起来一共有 20 万美元。弥留之际，他做的唯一一件事情就是将那些借条全部烧掉，他怕人们会担心他会向他们讨债。他说："假如上帝召唤我，我会非常高兴地去见他。我绝不会在死后给任何人留下麻烦和痛心的事。"

他死后，他曾经拥有过的大部分财产都捐给了慈善事业。他价值 200 万美元的珠宝、钻石后来都拍卖出去了。因此可想而知，现在许多贵妇所戴的珠宝、钻石当年都是豪华盖世的钻石大王的财产。

布雷迪有那么多的财富，有那么多的人仰视着他，然而，他却一辈子没有结婚。他曾经拿着 100 万美元献给莉莲·拉塞尔，向她求婚，但被她拒绝了。他曾说："世界上不会有任何一个女人愿意嫁给我这样的丑八怪。"说完之后，就把头趴在桌上，大哭了起来，就像是受了委屈的孩子一样。

第6章　坚忍顽强的探险勇士

“探险之王”克里斯托弗·哥伦布的回答还是那句话：“前进！前进！前进！向前进！”

“北极熊”史蒂文森是第一个在缺乏粮食和燃料的北冰洋前往北极探险的人。

赛车手马尔科姆·坎贝尔不慌不忙地说：“我为了冒险，已经走遍半个地球了。”

南极探险家罗伯特·福尔肯·斯科特和同伴们的墓碑上，写着英国著名诗人丁尼生的长诗《尤利西斯》中的名句：“几颗英勇的气质相同的心，虽经受了时间、命运的摧残，但意志坚定不移。奋斗、前进、探求，决不屈服。”

非洲探险家马丁·约翰逊说：“如果一个人真正懂得了非洲野兽的性格，那么他完全可以随身只带一根竹竿手杖，就会平安无事地从北部埃及首都开罗步行到非洲南端的好望角。”

“前进！前进！前进！向前进！”

“探险之王”克里斯托弗·哥伦布

每年的 10 月 12 日，我们都会举行一次重大活动，以纪念哥伦布发现美洲新大陆这一历史。其实，哥伦布并不是在 10 月 12 日发现美洲的，准确地说应该是 10 月 23 日，因为我们现在使用的历法，是由克里高利大主教发明的，距离哥伦布时代已经有 100 多年的历史了，美洲直到 1752 年才采用这种历法，我们也就跟着效仿。因为这种历法和哥伦布时代的历法相差整整 11 天，所以按照现在的历法计算，10 月 23 日才是哥伦布发现美洲的日子。

哥伦布在年轻时做过海盗，这并没有什么，在当时的观念中，家中条件好一些的都会让小孩当海盗，因为这样可以增长见识，经历丰富，而且还可以多赚些钱。在他们看来，这种事情只要不被官方捉住，也就无所谓羞耻卑贱，要是真的不幸被逮捕了，也只好自叹时运不济。

哥伦布在上学的时候，从毕达哥拉斯的著作中知道了地球是圆的，并牢记于心。经过很长一段时间的思索和研究后，他大胆地提出，如果地球真的是圆的，他只需经过极短的路程就可以到达印度了。

可是，哥伦布的想法却受到当时许多权威人士的嘲笑，他们认为从西方行驶然后到达东方的印度，那是绝对不可能的事情。

他们对哥伦布说，地球根本不是圆的，而是平的，并且警告他说，如果一直向西航行的话，他的船就会航行到地球的边缘而掉下去……这样岂不是走上自杀之途吗?

但是，哥伦布并没有因此而改变他的想法，只可惜他缺少让他证实这一想法的金钱。他想让别人帮助他实现梦想，可一连等了 17 年，结果还是很失望。所以，他决定不再为这个“理想”而努力了。由于他过度的忧虑和失望，以至于他的红发也完全变白了——当时的他还不到 50 岁。这时丧失信心和耐心的哥伦布只想在西班牙的修道院了却余生。

就在这个时候，罗马教皇拜见了西班牙女皇伊沙贝露，劝说她帮助哥伦布。教皇先送了 65 个银币给哥伦布当作路费；但哥伦布感觉自己的衣服过于破旧，于是就先用这些钱买了一套新装和一头驴子，然后才启程去见伊莎贝露女皇。因为他买完这些东西后就没剩下多少钱，所以他不得不以要饭赶路。

女皇对他的想法很是赞赏，并赐船给他，帮助他实施这种冒险的工作。但困难的是水手们都怕死，没有人愿意跟随他去。于是哥伦布就到海滨，捉住了几位水手。他先是向他们哀求，接着又劝他们，最后只好采用恫吓的手段逼迫他们随他前去。然后，他又请求女皇释放狱中的死囚，并且答应他们如果冒险成功，就可以免去他们的死罪并恢复自由。一切准备就绪之后，1492 年 8 月 3 日（星期五）的清晨，哥伦布率领 88 位水手，分乘 3 条船，开始了实现自己梦想的航行。

在西班牙国王支持下，先后 4 次出海远航（1492—1493，1493—1496，1498—1500，1502—1504），发现了美洲大陆，他也因此成为名垂青史的航海家。

哥伦布的梦想终于实现了，但是他在新大陆建起的殖民地却让他感到痛心。因为殖民地的人都被印第安人杀了；另外，殖民地的主管嫉妒他的功劳，故意控告他贪财失职，用铁链把他锁起来，送回了西班牙。虽然哥伦布回到西班牙后就被无罪释放了，但现实的遭遇却让他极度失望，备感伤心。

哥伦布就这样在他 60 岁时，在一间简陋而狭小的屋子里无声无息地去世了。墙上挂着的粗大的铁链，算是他曾当过囚犯的一种纪念吧。这条铁链似乎在告诉人们“人世间是丑恶和冷酷的”。一代英雄竟沦落潦倒了一生，虽然他完成了人类历史上一件最勇敢而惊人的壮举，但他又得到了什么呢？不仅他想借此发扬他的理想已是根本不可能的了，就说他临死时的景象，和乞丐又有什么区别呢？

哥伦布曾被授予只有虚名而无实权的“海上总司令兼印度总督”头衔。直到他去世，他也从没有正式获得过什么“实权”，甚至没有享受过一天的“荣耀”。而最令人感到不公平的是，他所发现的新大陆竟然没有用他的名字来命名，相反倒用了一个绘制地图者的名字阿美利加来命名。还有什么好说的呢？他发现新大陆的奖赏，除了“伤心”和“羞辱”之外，并没有别的。

如果哥伦布知道自己发现的是新大陆，也许他还会从精神上得到一丝安慰，可惜他临死都不知道这一点。他还以为自己发现的只是一条到达印度的新航线而已，所以他把居住在美洲的红皮肤的土人也称为“印度人”。他做梦也想不到自己已经发现了新大陆！

哥伦布生前并不是事事顺心如意，可谁又能想到，他死后竟然获得了各种赞扬和荣誉。全世界都称颂他是“第一个发现美洲大陆的人”。其实，他应该是第三个发现美洲的人：在他之前 1000 多年，中国有一个叫慧深的和尚，他才是第一个发现美洲的人；在比哥伦布早500年前，有个叫李夫埃·列森的挪威人，他第二个发现了美洲。考古学家和历史学家都相信在哈佛大学附近的马萨诸塞的查理上河岸有李夫埃·列森居住过的遗迹。

不论哥伦布是不是第一个发现美洲的人，他的那种勇往直前、百折不挠的精神永远值得我们作为榜样来学习。在行船过程中，当水手们畏惧退缩的时候，只有他还在勇往直前。当水手们恼羞成怒地警告他如果再不折回，便要叛变杀了他时，他的回答还是：

"前进！前进！前进！向前进！"

他是第一个在缺乏粮食和燃料的北冰洋前往北极探险的人。

“北极熊”史蒂文森

我曾经和一位经历奇特的人交谈过，他在北极圈内生活了 11 年，其中有 6 年他仅靠肉和水生存。他是中世纪一个海盗的后裔，又是一位有银灰色头发的帅气挪威人，他的名字叫作史蒂文森。他是第一个在缺乏粮食和燃料的北冰洋前往北极探险的人。

在他提出要前往北极探险时，许多人都认为他脑袋坏了。他们警告他，如果他真的这么做，一定会饿死在半路上！究竟会不会饿死，连他自己也不敢断定。不过，他是一个科学家，不论什么时候，他都要秉持事实胜于雄辩的思想。终于，在两位勇敢的助手的陪同下，他们带着必备的东西向北极出发了。

据他所说，他们曾在北冰洋的浮冰上生活了好几个月。这些浮冰有的只有足球那样大，有的却像海岛一样巨大，有的厚度只有一两英寸，有的却厚达 100 多英尺。这些冰块都在深达1~3 英里的北冰洋漂荡。他们起初在冰上的 40 多天还可以吃自带的食物，但是后来食物吃完了，他们只好用海豹和北极熊的肉来充饥，渴了就用鲸鱼脂生上火，烤冰块来喝。

他还讲述了他们在浮冰上漂浮了 700 多英里，不但没有被饿死，反而在 97 天当中还胖了几磅的奇特经历。他说要是真的专吃瘦肉的话，他们或许真的会被饿死。但是北冰洋中有的是肥美的海豹和北极熊，不但生吃很鲜美，而且烤熟了再吃，更是难得的美味，所以他们从不担心会有被饿死的危险。

史蒂文森的烟瘾很大。有一次他烟瘾大发，但他带来的纸烟全被助手们抽完了，他竟急得咀嚼装纸烟的布袋，并将布袋翻转过来找寻里面的纸烟碎屑。这成了他探险过程中最有趣的事。

他们探险时的食品，除了海豹和北极熊外，还有野鸭、野鹅、鹌鸽、枭鸟等各种动物，据说其中味道最美的是枭鸟。有一次，史蒂文森在饿极时，还吃过皮鞋上的生牛皮。他说煮熟的牛皮的味道真是棒极了，就和猪蹄一样好吃。史蒂文森幽默地说：在寒冷的地方，皮衣比毛织品更有用。因为人在饿极了的时候，还可以将牛皮煮熟，这样便可以饱餐一顿了。当你们在家里清理杂物时千万不要丢掉纯皮的东西，说不定什么时候，你还会靠它生存呢！

史蒂文森他们回到纽约后，将他们6年来只靠肉和水维持生存的经历讲给人们听，但这有谁会相信呢？立刻就有许多人斥责他们，说他们是最卑鄙无耻的说谎者。因为这些人根据科学和卫生经验，认为这是绝对不可能的事情。史蒂文森为了洗刷自己的冤屈，为了证明他们所说的话是真的，便决定和一位助手除了吃肉类和水以解饥渴外，再继续肉食一年，同时他们还照常工作，想让这些不信的人彻底心服口服。

于是，在比利维医院的赞助和监视下，这项有趣的试验开始了。在整整一年时间内，史蒂文森和他的助手时刻都要接受医生的严格检查。他们每天都要做一次血液分析，每星期都要记录一次血压，甚至从肺里排出的气体也要检测。结果他们一切正常，尽管他们天天吃肉，但他们的一举一动还是和平常人完全一样。

在试验的过程中，史蒂文森的助手起初血压很高，并且患了伤寒病，头发也掉了不少。当许多人正要为这个试验将要失败而庆幸时，不料这位助手的血压在 90 天之后又恢复正常了，不但不再脱头发，而且连伤寒病也痊愈了。

最终，他们取得了胜利。而且在这一年之中，他们俩都没患过龋齿病。史蒂文森还说，从前住在爱斯基摩一带的居民，因为他们所吃的 99% 是肉类，所以几乎没人患龋齿病，但是自从他们也学到并采用了文明社会的食谱后，龋齿病也在那里流行开来了。

他不慌不忙地说："我为了冒险，已经走遍半个地球了。"

赛车手马尔科姆·坎贝尔

一提到埃迪·里肯巴克这个名字，就不禁让我想起在一次宴会中坐在我身边的坎贝尔爵士，他们都属于沉默的人，但却又都热衷于风驰电掣般的感觉。我知道里肯巴克参加这种近似玩命的比赛是因为他缺钱。但是，这位坎贝尔也到这儿来凑热闹，他是为什么呢？坎贝尔非常富有，即使赛车赚不到一分钱，他也不会在意的。那他到底为的是什么呢？荣耀？名誉？但是他说都不是——他仅仅是因为感兴趣才这样做的！于是，我又询问里肯巴克，当他看见坎贝尔以仅次于彗星的速度比赛时，他会有何想法？参加过200次汽车竞赛的老将里肯巴克略微耸了耸肩，然后慢吞吞地说道："我从来没有见到过，而且我也不打算去看。像他这样参加赛车，被摔死的机会十回中会有九回！"

从来没有人可以赶得上坎贝尔爵士在地球表面上奔驰的速度——每小时300英里，平均每分钟5英里！按照这一速度，从美国的东海岸城市纽约到达西岸城市旧金山只需要10个小时的时间！全世界只有4个人——西格雷夫、洛克哈特、基奇和拜布尔——曾每小时跑到过200英里，但他们的结局都很悲惨。坎贝尔却是这些"飞人"中例外的一个。

然而，他本人竟是一位宿命论者，也许你不相信，但这的确是真的。他从来都不着急，也不心慌。每次比赛完之后，当他从赛车中走出来时，都非常轻松，就像平常人下班后驾车回家一样。

坎贝尔在 16 岁时就曾对他父亲说要当一名赛车手。当时，他的父亲在一气之下还打了他一巴掌，并立即在伦敦著名的罗德保险公司找了一份秘书的工作给他。坎贝尔爵士对我说，他在那家公司工作了 2 年，从来没有得到过一分钱。从第 3 年起公司才答应发给他一些薪水。而现在他却是这家著名公司的一位董事。

他在 19 岁时，突然想到了把诽谤保险卖给英国报纸的主意。在英国，有关诽谤的法律法规要比美国严厉得多。不久，坎贝尔便得到了英国许多家报纸的诽谤保险单。到 21 岁时，他已经很有钱了。于是，他便开始购买自行车、摩托车和汽车，并开始参加正规的比赛。他渴望自己能打破赛车速度纪录，为此，他投入了 5 万英镑（相当于 25 万美元）。

为了寻找最适合开飞车的地方，坎贝尔便开始了他的环游世界之旅。他曾到过丹麦、撒哈拉大沙漠、南非以及美国南部的佛罗里达州。但是，他对我说，世界上最好的汽车跑道应该是美国西部犹他州的盐碱地。这不难理解，数万年前的湖沼干涸后的盐碱性湖底又硬又滑，就像冰一样。

一次，他在丹麦参加比赛，当赛车的速度达到 140 英里时，突然“嘭”的一声，他的汽车前轮脱离车身飞了出去。车身一跃而起，汽车笔直地向路边的观众冲过去，结果一名儿童不幸身亡。赛车飞过人群后，还继续向前连滚带跳了约 1 英里才停住。

不过，坎贝尔爵士说最令他惊心动魄的经历是在第一次世界大战时期。当时，他是以飞行员的身份参战。他的任务是从英国驾飞机经过英法海峡到西部战场去。但是，他以前从未驾驶过飞机，而且，他还要降落到一个自己看不见且不熟悉的地方。当他飞过德国兵的阵地时，德国的许多飞机立刻飞上云端对他实施拦截，并用机关枪攻击他。然而他就在这样的危险中飞行了几年却没有受过一点伤！

到南太平洋上的科克斯岛去寻找海盗埋藏无数珍宝的经历，是他一生中干得最冒险的一件事。科克斯岛是地球上最可怕的一个地方，那里没有一间房子，一个人影都看不到。在当地居住的是一些传承自己古老文化的印加土著人，他们白天躲在深山中，夜晚才偷偷跑到海边去打猎。他们安静得就像海滨绿棕树的影子。普通人的眼睛很难看清楚他们所在的位置。沙土和岩石被蜘蛛、螃蟹、蜈蚣、蚂蚁翻得像烧沸的水一样；空中苍蝇乱飞；成群结队的鲨鱼在海岛的周围嬉戏着。

为了找到宝藏，坎贝尔应当顺着一条小河一直朝前走，直到发现一个有裂缝的巨大岩石，如果把铁锹插进去，就能发现一道门在里面。只要能发现这个通道，就能找到价值连城的黄金和奇珍异宝。

可是，坎贝尔走遍了岛上的所有的小河，甚至连那些早已干涸的小河也不放过。而且，他还走遍了荒林，几乎把岛上每座岩石都炸开了，结果还是一无所获。

有一天，当他们在扎人的野草和灌木林中行进时，他发现此时他们正顺风而行。因此，他与同伴决定用火在他们在前面烧开一条路来。他点燃一根火柴，草木立刻噼噼啪啪地烧着了。没多久，这座岛就被烧得火光通天。

突然，他们惊恐地发现火焰并没有完全按照他们预想的方向延伸，相反，火焰竟直直地朝他们烧了过来。眼看火就要烧到他们了，于是，他们掉过头来没命地飞奔。最后当他们跑到海边时，已经累得筋疲力尽了，而且还被火烤得焦头烂额。数百英亩森林一齐燃烧，他们痛苦得就像热锅上的蚂蚁一样，几乎就要跳入成群的鲨鱼堆里去了。幸好海滨绿油油的棕树林没有被烧着，他们才幸免于难。

在那个险恶的荒岛上待了 3 个星期，坎贝尔不但没找到财宝，倒是给自己增添了两条血淋淋的腿和受伤的肩膀。此时，与其说他是一名英国绅士，还不如说是一名逃犯。他拖着受伤的身体，非常灰心，匆忙地无功而返。

但是，他却说，将来如果有机会他还要去科克斯岛，要是那里真的有宝藏的话，他一定会找到的。他不慌不忙地说："我为了冒险，已经走遍半个地球了。"

直到今天，斯科特上校和他的两个同伴在南极罗斯冰川惨死的经历依然令人痛惜。

南极探险家罗伯特·福尔肯·斯科特

我认为，第二个到达南极的斯科特上校的故事是世界上最为英勇、动人和悲惨的。直到今天，斯科特上校和他的两个同伴在南极罗斯冰川惨死的经历依然令人痛惜。

斯科特上校的死讯传到英国时是1913年2月一个晴朗的下午，皇家花园中的蕃红花开得正艳。消息传来，整个英国为之震惊。此前只有在特拉法加海战中阵亡的纳尔逊海军大将的死讯传来时，英国人曾如此震惊过。在他去世22年后，英国政府为斯科特上校建立了一个极地博物馆作为永久的纪念，而且这也是全世界第一家极地博物馆。在博物馆开幕时，全世界的极地探险家都不远万里赶来参加。在那所建筑的顶端，有用拉丁文献给斯科特的题词："他去寻求南极的秘密，却找到了上帝的奥秘。"

斯科特上校是坐"特拉诺瓦"号航船去南极探险的。自从那只船进了南极圈的冰洋之后，厄运就一直跟着它。无数的巨浪使劲击打着船身。怒吼的浪花将船上的货物席卷一空，海水涌进了船舱，锅炉的火被浇熄了，抽水机也转不动了。这只被狂风巨浪蹂躏过的航船无助地在大海中漂了许多天。然而，对于斯科特来说，这只是厄运之始。

他曾带了几匹能在西伯利亚寒地赛跑的强壮小马，但这几匹小马到了极地却无用武之地。它们在大雪中无力地挣扎着，它们的腿因踏进了看不见的冰孔中而折断，无奈之余只有用枪将它们打死。他从因纽特人那里带来的雪橇狗，也在冰面的裂缝里跑没了。于是，斯科特和他的四位同伴只得自己拖着一辆约 1000 磅重的雪橇，继续向南极进发。

他们就这样日复一日在海拔 9000 尺的稀薄、严寒的空气里，拉着雪橇在坚硬的冰地上挣扎着前行，累得上气不接下气，冻得喉头闭塞。然而，他们并没有抱怨，而且也不会抱怨什么。因为他们相信在最艰苦的行程尽头，南极的秘密在等着他们。

那里没有一个生物或会呼吸的东西，连一只海鸥都没有，到处是死一般的静寂。第 14 天时，他们到达了南极，但是他们并没有想象中的那么高兴，他们收获的只是震惊和心碎。因为在不远处的冰天雪地里立着一根木棒，上边有一块碎布片在凛冽的寒风中迎风飘摇——是国旗，挪威的国旗！原来挪威的探险家阿蒙森已比他们先到了此地，他们没想到自己多年的精心准备，数月的困苦挣扎，历经千辛万苦，却仅因 5 个星期之差而不能成为首个到达南极的人。

经受了失望的重击，他们怀着颓丧、失落的心情踏上了归途。

他们在返回的途中经历了奥德赛式的巨大痛苦。凛冽刺骨的寒风将他们浑身都裹上了一层冰，就连胡须上也结了冰。在这样恶劣的环境中他们几个人先后都迈向了死亡的边缘。一行人中，首先是强壮的军官埃文思不小心脚下一滑，头部撞在坚硬的冰块上严重受伤而亡。接着，队长奥茨也病了，他的脚被冻僵，每走一步都非常困难。他知道自己这样肯定会拖累同伴，于是，他在一个夜晚爬到冰天雪地里把自己给冻死了，以此来保全其他同伴的性命。当时他没有说英雄式的夸大诗句，也没有表演出动人的戏剧，他只是安静地说："我想到外边去走一走，过一会儿就回来。"想不到他却永远地走了。人们一直都没有找到他的尸体，但现在，在他失踪的地方，竖起了一个纪念碑，上边写着："一位英勇的绅士死在附近。"

斯科特和另外两个同伴继续往回走。他们冻得全身都快僵了。到2月19日（1912年），也就是他们离开南极后的第20天，他们最后一次支起帐篷休息。这个时候，他们的燃料只够煮两杯茶，粮食也只够吃两天。但现在他们所处的位置距来时埋藏食粮和其他东西的地方只有11英里了，因此，他们这下有希望了。只要再坚持努力一下，他们就可以到达那个地方了。但是，悲剧却在这个时候发生了。

天边突然刮起了连冰块都能吹碎的雪风。它的威力恐怕地球上没有任何东西或动物能够抵挡得住。他们被困在帐篷中已经11天了，而狂风仍不停地怒吼着。他们的粮食也早已吃完了，他们都知道现在获救的希望很渺茫。他们这个时候有一条很容易的路可以走。他们出发时带了很多鸦片，就是为了用在这种紧急关头，只要一点，就可以安然入梦，永不再醒来。但是，他们没有用这些东西，他们决心以英国人的尚武精神来迎接死神的到来。

斯科特在临死前，给著名作家巴里爵士写了一封信，把他们临终的情形叙述了下来。死亡就要在他们头上降临了，而斯科特却是这样写的："假如你能听到我们在帐篷里唱着愉快的歌时，你的心中或许会好受一些。"

8个月后的一天，南极大地重又被温暖的太阳普照，一支搜寻队找到了他们冻僵了的尸体。队员们将他们的尸体就地埋葬在那里，并用两根滑雪木板做了一个十字架。在他们的墓碑上，写着英国著名诗人丁尼生的长诗《尤利西斯》中的名句：

几颗英勇的气质相同的心，
虽经受了时间、命运的摧残，
但意志坚定不移。
奋斗、前进、探求，
绝不屈服。

拜德将军一生的经历非常动人。尤其值得一提的是，他在孩提时代就具有坚强不屈、排除一切障碍的精神和魄力，这是最为难能可贵的。

海军大将李屈林·拜德

1900年，维金孔亚省温特斯特地区，有一个12岁的孩子，他十分羡慕那位到北极去探险的海军大将柏瑞的壮烈经历，于是他偷偷地在他的日记本上写道："我决心成为第一个飞抵北极的人。"他暗自立下了这个宏伟志向。他明白，要去北极，必须先做好各种冒险的准备，还要有百折不挠的吃苦耐劳精神。所以，他就马上开始训练自己，以古代斯巴达的精神激励自己。即使是在严寒的冬天，他也只穿一件单薄的衬衣。他需要磨炼在寒带地区生活的耐力，需要与风雪抗争。

这个12岁的孩子，在经过许多年的准备和奋斗之后，终于完成了当年在日记上所写的志向——他的确成为第一个飞抵北极的人。而且，第一个飞抵南极的人也是他呢！他的名字也因此震惊了全球，他就是海军大将李屈林·拜德。

据拜德将军说："南极地区的巨大冰块已经在逐渐融化。我相信，有一天事实会证明，这被覆盖在冰原底下的数百万亩土地是极其宝贵的。"由于我曾在北极圈600英里之内发现过煤矿，所以我同意拜德将军的意见，更何况有许多的地质学家也相信南极附近全都是丰富的煤矿，说不定还能找到油矿呢。

拜德将军一生的经历非常动人。尤其值得一提的是，他在孩提时代就具有坚强不屈、排除一切障碍的精神和魄力，这是最为难能可贵的。

他最喜欢旅行，并渴望去一些奇异的地方，所以他 14 岁就开始环游世界。旅游归来之后，他开始进学校读书。他酷爱体育运动，但不幸的是，他在 28 岁那年，因为剧烈的运动而折断了脚踝，成了跛子，因此被迫离开海军，他非常伤心。但是，他并没有因此而灰心，他总是这样想："我虽然因跛脚而离开海军，但我还有健全的手和大脑，还有强壮的体魄。至少我还可以投身于航空界，将来还是会有所成就的。我从未听说过飞机驾驶员是站着的。不错，飞行员都是坐在驾驶座上的，那么我的跛脚也就没有什么影响了。"有志者事竟成，后来拜德通过自己的努力，果然进入了航空界，而且还创造了惊人的事迹。

拜德为了试验自己空中冒险的耐力，他决定驾机飞往北极，但是他的计划曾多次因特殊原因而被拒绝。起初他驾"圣纳德"号大型飞机向北飞行，不幸中途飞机出了故障。然后他要求政府允许他驾机横飞大西洋做试验，结果又因为他的腿伤而遭拒绝。后来他又要求政府允许他驾驶阿莫森计划飞渡北冰洋的那架飞机，由于他这时已经结婚，所以仍然没有结果。紧接着，他又受到第二次重大刺激——因为他的腿伤，政府命令他再次从海军退役。

但拜德对自己的腿伤全不在意。他认为一个人只要有智力和勇气，即使他是个跛子，也仍然比一个身强体健而缺乏头脑和勇气的人要强得多。所以，他私下里筹集了一笔款项，开始了他的冒险计划。最终，他以"两个第一"震撼了全世界：他先驾飞机横渡大西洋，从北极上空投下了一面美国国旗；然后他又飞至南极上空，同样又投下一面国旗。

当他返回美国时，所有人都热烈地欢迎他。他俨然已步入了伟人之列！

这时，美国政府当局也承认了他的伟大计划和功绩，并授予他“大将”的荣誉——因跛足而两次被海军拒绝的他，竟然成了著名的海军大将。

如果一个人真正懂得了非洲野兽的性格，那么他完全可以随身只带一根竹竿手杖，就会平安无事地从北部埃及首都开罗步行到非洲南端的好望角。

非洲探险家马丁·约翰逊

约翰逊是一位探险家，他曾在非洲荒野中拍摄过数千张猛狮的照片，而且还亲手打死过两只狮子。他曾告诉我说，他最后停留在非洲的一年半中所见到过的狮子超过了他以前见到的总和，然而他却从来没有放过哪怕是一枪。事实上，他有时外出连枪都不带。

有些探险家从非洲回来以后，都喜欢夸耀自己和猛兽搏斗的过程。但是，马丁·约翰逊却认为，如果一个人真正懂得了非洲野兽的性格，那么他完全可以随身只带一根竹竿手杖，就会平安无事地从北部埃及首都开罗步行到非洲南端的好望角。

他从14岁的时候就开始漫游世界。他的父亲是美国堪萨斯州独立城的珠宝商，他从小就老是乱翻那些来自世界各地的珠宝箱。他对那些商标上边奇异的地名（如巴黎、日内瓦、巴塞罗那、布达佩斯）非常向往，并决心要走遍这些城市。终于，有一天他离开家开始了他的旅行。他先是游遍了美国，然后又混在一艘满载牲畜的船里去了欧洲。

他到欧洲后，不停地找工作，但工作却似乎都不青睐他：他曾在比利时的布鲁塞尔饿过肚子；他曾站在法国的海边怅望大西洋，茫然无助，不知自己该何去何从；他还曾经因为住不起旅店而待在伦敦的空货箱里；为了回到美国堪萨斯州故里，他还曾偷偷地藏在驶往纽约的一艘商船的救生船里。

在船上发生的一些事改变了他的整个人生，他那伟大的探险之旅便是从此开始的。当时，船上的一个技师给了他一本杂志，里面有杰克·伦敦的一篇文章。在文章里面，杰克·伦敦说他梦想着乘坐一条长 30 尺、名为“蛇鲨”的小船周游世界。

约翰逊回到独立城家中，立即给杰克·伦敦写了一封信。他怀着满腔热情，写了满满的八页信纸，请求与杰克·伦敦同行。在信中他这样写道：“我已经去过一次大西洋了，我从芝加哥出发时，口袋里只有 5 美元路费，回来时却还剩有 25 美分。”

他的信已经发出去两个星期了，他天天等候着杰克·伦敦的回信。最后，他终于收到了一份杰克·伦敦发来的电报。电报的内容充分体现了这一通信方式的爽快与简洁：“你会做饭吗？”做饭？哈！他连米饭都还煮不熟呢。但他还是马上写了回电：“我愿一试！”——随即，他就找了一份在一家饭馆的厨房里帮忙做菜的工作。

等到杰克·伦敦的“斯纳克”号驶出旧金山海湾向太平洋进发时，马丁·约翰逊真的成为了船上的总厨师兼洗碗工，而他竟然还能现学现卖，做麦包、炒菜、煲汤，甚至做布丁。同时，路途中所需的食物也都由他来负责，他准备的盐、胡椒、香料等东西足够全船水手吃 200 年的了。

就在那一次旅行中，他学会了开船。他相信自己是一位驾驶专家，因此有一天，他为了显示自己的本领，要凭自己的经验判断出船当时所处的位置。其实，当时“斯纳克”号正在太平洋中向檀香山靠近。但按照马丁的计算，船却应当在大西洋中间的位置。

但是，他并不认为自己的计算水平仅止于此。像那些充满激情的青年一样，他一心要过那种朝思暮想的惊险生活。他的热情是任何困难都挡不住的。有一次，一连两个星期，水手们一滴水也没喝，毒辣的太阳更把他们晒得几乎发狂，船板上的松油都被晒成了糖浆。

从那时起，马丁过了 30 年无拘无束的惬意生活。期间，他居无定所，却走遍了五大洲，游遍了全世界，从南海的珊瑚岛到非洲的黑森林，他的足迹遍布世界各地。他第一个把食人族照片带回了美国，还拍了许多非洲旷野奇异动物生活的照片。

他带回来的奇异动物足够装上一大船，但不是指真实的动物，而是说那些拍在胶片上的。后来这些胶片上的动物出现在上千部电影银幕上。他把好多濒临灭绝的野兽的生活都拍了下来，即使有一天这些动物全都灭绝了，这些纪录片也可使你的后代们了解到在广袤的非洲旷野曾经出没的这些野兽的风采。

马丁·约翰逊告诉我，一只野生的吃饱了的猛狮，如果人不主动去招惹它，它便不会注意人身上的气味。他曾把汽车开到有 15 只狮子的猛狮群中，而那些狮子却仍旧安静地躺在那里，就像猫一样温驯。一只狮子竟还站起来，上前去轻轻地咬着汽车的前轮。又有一次，他把车驶近一只母狮子，近得只要它抬一下爪子就可以抓住汽车，但自己却毫发无损。

“你的意思是要告诉我，狮子是最温驯的野兽吗？”我曾这样问他。

他回答道：“绝不！据我所知，最好的自杀方法就是彻底信任狮子。哈，因为你根本不可能知道疲乏的它什么时候会忽然对你兽性大发。在我看来，最危险的事情就是与狮子相斗。那就像一枚100磅的重型炸弹向你掷过来。狮子一跃可达40英尺远，比轻骑兵的速度还快。”

我接着又问他是否遇到过千钧一发的危急时刻，他回答道：“这样的时刻简直太多了，但是全都很有趣。”

最危险的一次经历是在南海群岛的时候，他几乎要在一锅沸水中丧命。当时，他正准备第一次拍摄食人族的生活情景。

经商的白种人曾闯进食人族居住的群岛，掠走了许多土人，并将他们贩卖为奴隶。因此，食人族对白人深怀仇恨——而且他们经常饥肠辘辘。他们已经杀死了很多白人，并抢了他们许多物品。因而，在捉住了马丁·约翰逊时，他们也一定在想，这个人的肉完全可以作为星期日的美餐。

当马丁同酋长谈话并将带来的礼品一一陈列出来的时候，一群食人土番从树林中跑了出来，将他团团围住。而此时他的同伴还在数里之外，呼救肯定来不及了。他虽然带有一支手枪，但是寡不敌众，所以他小心翼翼。他的前额冒出了冷汗，心跳也失去了节奏，但却想不出任何办法来，只能假装镇静，继续同酋长谈判。土番越聚越多，一个个只等他们的首领一声令下，就一起动手。马丁·约翰逊直到这个时候才第一次想到，当初如果老老实实地跟随他父亲做珠宝生意，也不至于像现在这般狼狈。

奇迹突然发生了！正当一群土番要扑上来时，一只英国巡游船从岛下的海湾中驶来了。土番们一个个瞪大眼睛张望着，内心充满了恐惧，他们以为来的是抓他们的人。马丁顺着他们的视线看过去，他兴奋得简直不敢相信自己的眼睛。于是，他赶忙向酋长深鞠一躬，说道：“我的船来了。很高兴和你们相识。再会了。”马丁在土番人还不敢追来之时向海岸奔去。